gleam BOOKS

ブラック企業バスターズ

神部　紅

株式会社 朝陽会

はしがき

「労働組合（ユニオン）」こそが、労働者がトラブルに遭ったとき最も頼りになるものです。

いま、ブラックバイトやブラック企業などの問題が騒がれ、若い人たちのなかから、社会に出て働きたくないといった話も頻繁に出てくるようになっています。

私は「労働組合（ユニオン）」が労働者のよりどころになれることを多くの人に伝えようと、心を砕いてきました。ブラックバイトやブラック企業が、若者が社会に出て当たり前に働くことを阻害するという病理に対して、労働組合（ユニオン）が必要なのです。

本書の狙いは2つです。まず労働組合（ユニオン）の効能を知ってもらうこと。そして、働く上で「常識」と思われていることを打ち破り、アップデートしてもらうことです。

多くの若者にとって、法律や人権なんて関係ないというスタンスの職場が「ふつう」となっています。そんな職場のなかでは、いまの自分の職場の何が悪くて何がつらいのか、まともで、「常識的」な判断ができなくなるのは当然のことでしょう。

おかしな働き方に慣らされている人たちには、外からの「常識的」な感覚を持つ人たちの言葉は届かなくなります。「それはおかしい」といっても、「あきらめ」によってこばわった心に阻まれてしまうのです。それが仮に伝わったとしても、職場の現実にぶつかって、余計に苦しむこともあるでしょう。

そのようにひとりで悩み苦しんでいても、きちんと交渉する力を持ったまともな労働組合（ユニオン）を知ることで状況を大きく変えることができます。また、ひとりでは変えることのできない状況も、労働組合（ユニオン）が間に入るだけで劇的に変わります。自分の権利を守るために声を挙げ、職場を良くすることは可能なのです。

「なんかおかしいな?」といった〝感覚〟や〝違和感〟を労働組合（ユニオン）に持ち寄ってください。職場のことでも家庭のことでも、日常生活のことでもいいのです。あなたの「おかしい」と思った感覚を押し殺す必要はないのです。職場や上司が主張する「常識」に、理不尽だと納得できないことも多いでしょう。まともな労働組合（ユニオン）のメンバーになれば、どんなに違法無法が横行している職場であっても、はっきりと意見をいうことができる。これが新しい「常識」です。

本書には、それらを持ち寄る上で一助となる事例をいくつも紹介しています。みなさんがこれからどう働き、どう生きるのかを考えるきっかけにしていただければ幸いです。

２０１７年10月

神部　紅

目次

1 潰される正社員

●長時間過密労働で〝燃えかす〟に

「昔は会社の歯車のように使われたといいましたが、僕は燃料でした。燃えたぎる会社というエンジンにくべられ、燃えかすしか残らないような働き方を強いられました」。あるコンビニエンスストアの「名ばかり店長裁判」を闘った清水文美さんは、裁判でこう証言した。

バックヤードに段ボールを敷き制服のまま寝るなど、帰宅する時間もなく、ひどい時で4日で80時間以上働いたこともある。残業時間と労働時間を合わせて時給換算すれば最低賃金を割った。この会社では入社3年で95％が潰され、辞めていくという（この「名ばかり店長」裁判は清水さんの主張を認める判決が出た）。

新卒者やその家族からの深刻な相談が増えるのが、3月～5月の労働相談の特徴だ。ひどいケースになると、入社1か月もたない。短期間に使い潰すわけだ。長時間過密労働により「ベッドから起きられなくなった」、「『これ以上働いたら死にますよ』と、ドクターストップをかけられた」など、相談の数も内容も凄惨なものが年々増え続けている。

●ある製薬会社の営業職の場合

ある製薬会社で営業職として採用された男性の労働相談にのった。彼の会社では新卒の大学生を〝鍛える〟「新人研修制度」、「体と心の基礎をつくり、企業人・社会人としてのあり方を学ぶ〈教育プログラム〉」なるものがあった。

試用期間中に飛び込み1000件、電話勧誘1000件の営業ノルマをこなさせ、業務後は空手道場で数時間汗を流させる。賃金はつかない。

休日には福島へボランティアに行くことも強要されたという。会社のイメージアップ戦略に利用するため、除染活動をしている姿をビデオカメラに収めて、ウェブサイトなどに掲載するためだ。彼が社長に「給料や旅費は出るんですか?」と聞いたところ「もちろん出るわけないだろ、ボランティアなんだから」と一蹴されたそうだ。

極めつけは2泊3日の寺修行だ。冬場の川行、滝行、お百度参り。写経や読経を数千回…。寺側はその一部始終をビデオに収めてレポートをまとめ、会社側に報告し、研修費を請求する。こうした新人研修の名の下で「しごき」が完全にビジネス化しているのだ。

寺のウェブサイトを見ると「最近の若年層は、モラル、道徳、マナーに対する意識の低下が著しく、その結果やる気を失い、生きる目的を見失っている人々があふれている」「企業は強い精神力を持った人々によって構成されなくては」「社員の中で強い精神力を持つ人が少なく、経営者にとって大変頭の痛いことである」「新しい人材についても、今までのような企業の受け入れ態勢では育成が難しくなっています。困難に立ち向かう勇気と活力と精神力を養い、自己啓発、自己改革を行います」などとアピールしている。

相談に来た彼は、大学に在学しているときからアルバイトとしてこの企業で働いていたという。優秀な仕事ぶりを買われて、卒業時にそのまま新卒社員として正規雇用で採用されたが、待っていた働き方は休日もなく残業代もつかない長時間過密労働だった。試用期間中の滅茶苦茶な働かせ方をくぐり抜けたが、結局のところ短期間でうつ病と診断され、ドクターストップ。休職中に解雇されたという。

●上場企業の7割が過労死ラインオーバーの協定締結

厚生労働省は、２００１年に月80時間を超える残業は過労死との因果関係が強いとの通達（２００１年12月12日厚生労働省労働基準局長通達「脳血管疾患及び虚血性心疾患等（負傷に起因するものを除く）の認定基準について」）を出した。この月80時間がいわゆる「過労死ライン」だ。

一方、東証一部上場企業の売り上げ上位１００社（２０１１年決算期）のうち、実に7割にものぼる企業が、このラインを超える残業をさせることができる協定（36《サブロク》協定）を結んでいる。現状では厚生労働省の指導が形骸化し、過労死しかねない働き方に歯止めがかかっていない。

●36協定とは

労働者と使用者が協定を結べば、労働者を長時間働かせることが可能だ。労働基準法36条では、法定労働時間（1日8時間・1週間40時間）を超えて労働させる場合などに、あらかじめ労働組合（あるいは労働者の代表）と書面で協定を締結し、労働基準監督署に届け出ることで、時間外および休日まで長時間労働をさせることができる。これが36協定と呼ばれるもので、上限となる労働時間については、法は直接の定めを置いていない。これは労働基準法の重大な不備といえるだろう。36協定の時間外労働の限度に関する指導基準では、週15時間、月45時間、年間３６０時間といった限度時間が設けられていながら、実際は月１００時間さらには２００時間を超えるような特別協定が労使で結ばれ、労働基準監督署に受理されている。労働時間の延長の限度を厳しく定めたＩＬＯ（国際労働機関）1号条約の規定とは相容《い》れず、日本はそのために現在も、ＩＬＯの労働時間関係の条約を1本も批准できないでいるのだ。

労働組合が過労死につながる協定を結ぶなどの蛮行も許しがたいのだが、この限度時間を行政指導上の単なる目安ではなく、厳格な指導基準として適用することが必要であり、少なくとも過労死ラインを超えるような特別条項は受け付けないということが徹底されれば、それだけでも過労死を減らすことはできるだろう。

さらに、36協定締結の際、使用者側が管理職を労働者代表に選出したり、労働者代表を選出する際に選挙などの民主的な手続きをとっていないことが多いため、実際には協定が形骸化している場合も多々ある。協定違反や協定締結のプロセス自体に問題がある場合だけでなく、そもそもこの協定を結ばずに残業させる企業も多い。

●正規雇用でもワーキングプア。どう生きれば…

ここで紹介したような企業は、従業員を短期間で潰しても構わないと考えている。「正社員募集」の看板を掲げれば、希望者はいくらでも並ぶからだ。こうした手法は、短期間で肉体的にも精神的にもタフで、従順な従業員を選別するために合理的だとまで考えている企業も少なくない。

待遇や労働条件の悪い非正規雇用ではなくて正規雇用に就いたほうがいいといったアドバイスは、もはや無意味になっている。実際には正規雇用にも相当数のワーキングプアが存在するし、過労死するほどの長時間労働が待っていることが多いからだ。

ある大学の保護者向けの就職講座では、講師として呼ばれていた某就活会社発行の雑誌編集長が、「お母さん、文句をいわずに長時間働く学生でないと就職なんかできませんよ。家に帰ったらよく言い聞かせておいてくださいね」と発言していた。どうしたら自分を効率よく売り出して優良企業に入社できるのかということを教えるだけでいいのだろうか。劣化し続ける労働市場を生き抜くために、若者に必要な能力とはどういったものなのだろうか。

職場では、いかなる状況にも器用に対応することを要求される。トラブルに遭遇することも多い。だが労働者にとっては、仕事上のトラブル処理能力だけではなく、自らを守る能力を育てなければ、命や健康を守ることはできないだろう。

製薬会社で営業職として働いていた労働者は、団体交渉を通じて残業代の未払い分と慰謝料も含めた解決金を払わせて退職することで決着した。正社員として採用されたはずだったが、社会保険も雇用保険も未加入だったため、過去に遡って加入させ、保険料はすべて会社持ちとさせた。こうした措置がとられなければ、退職しても失業手当さえ支給されないところだった。

② バイトを辞めさせてもらえない

●学生を喰い潰す「ブラックバイト」あれこれ

「仕事を辞めたくても、辞めさせてもらえない」という労働相談が増えている。解雇・雇い止めされたというのではない。〝それ〟は、アルバイトからの相談で、よく聞かれるようになった。

学生の生活や学業を喰《く》い潰すアルバイトは「ブラックバイト」と呼ばれている。これはいくつかに類型化できる。1つは「罰金型」。仕事のミスをあげつらって損害賠償請求をしたり、備品を壊した、遅刻・欠勤したといって法外な罰金を科すケースだ。

ノルマを課せられ、売れ残りを買い取らされる「自腹営業型」。達成しないと罰金を課したり時給を下げたりする「ノルマ型」。コンビニエンスストアでは、コーヒーチケットやおでんなどの食品や季節もの、ギフトなどにもノルマが課せられ、「売れ残ったのはアルバイトの責任」と、買い取らせるケースもある。

「拘束型」は、契約すら無視して長時間拘束のシフトを組む。授業中に連絡を入れ、シフトに入ることを強要する。そのせいで試験前でも休めないなど学業にも支障を来し、大学を中退せざるを得ない学生もいる。ゼミ行事や授業に出ることすら許されないといった悲鳴も寄せられる。

「賃金泥棒型」は、業務のための拘束時間は1分単位で賃金が支払われるべきところ、5～30分単位で賃金計算される。そうすると、シフトに入るたび賃金不払いが発生する。シフトインの1時間～10分前の出勤が強要され（無給）、経営理念の唱和、あいさつの練習、仕事の引き継ぎ、着替えなど、業務の準備が終わってからタイムカードを打刻させるケースもある。

5で紹介する喫茶店チェーンの事例は「名ばかり型」だ。バイトを店長並みに働かせることで、企業はコストを浮かせている。

冒頭で紹介した「仕事を辞めたくても、辞めさせてもらえない」という事例は「報復型」だった。退職の希望を伝えると「君が辞めたら求人広告を出さなければいけない。この広告料を払うなら辞めてもいい」と脅され、退職の際には「弁護士を使って70万円を超える損害賠償請求をされた」というものだ。一方、労働基準監督署に賃金未払いの申告を行ったという理由で、シフトを干したり雇い止めにされる事例もある。

「ブラックバイト」の問題は、労働組合（ユニオン）がきちんと取り上げて団体交渉（労働条件について労働組合と会社が交渉すること）を行えば、ほぼ解決する。交渉をするまでもなく、労働組合からの電話1本で解決する場合も多い。しかし、そのアルバイト（パート）従業員が職場の労働組合の組合員であっても、アルバイト・パートなどの非正規労働者だという理由で労働相談にすら乗らない労働組合も多い。

こうした既存の労働組合だけでなく、１人からでも入れる個人加盟ユニオンなどでも「手間がかかる」「費用倒れになるから」「どうせ組合をすぐ辞めてしまう」などの理由で、特に高校生や大学生アルバイトの労働問題を積極的に扱わない場合がある。

⑤で紹介する喫茶店チェーンや大手外食チェーンなどに見られるように、非正規労働者が多くいる職場や労働組合がない職場から、違法・脱法行為がはじまる。それが放置されれば、後々すべての労働者に関わるような、深刻な「労働条件の不利益変更」や、仕事の量を増やすような「労働強化」が起こっていく。非正規労働者が多い職場でこそ、労働組合が必要だと、私は考える。

●労働力の安売り競争を加速させる学費問題

ブラック企業やブラックバイトであっても不本意ながら依存せざるを得ない労働者は（⑩参照）、いわば生活を人質として握られてしまっているわけで、企業によるその〝支配〟は生活に困窮している者にほど、強く作用する。こうしたなかで、求職者は雇う側の無理な要求であっても受け入れざるを得ない。際限なき「労働力」のダンピング、安売り競争が起きているのだ。

それを加速させているのは、学費の問題だ。日本の学費は世界一高く、「貧困ビジネス化」した奨学金問題もある。国立大の初年度納付金は平均で年間82万円。私立大では平均１３１万円。いま奨学金を借りると、平均的なケースで３００万円（月５万円を４年間、入学時50万円など）、多い場合には１０

00万円（大学院進学の場合など）もの借金を背負って社会人としてのスタートを切ることとなる。

大学・短大などを卒業した30～50代の3分の1以上が年収300万円以下の賃金（総務省就業構造基本調査、2012年）で働くなかで、奨学金を借りた既卒者の8人に1人が滞納や返済猶予となっている。奨学金の返済は、期日から1日でも遅れると5％の「延滞金利息」が上乗せされ（2013年度までは10％）、滞納が3か月以上続けば、金融の「ブラックリスト」に載せられる。このような「多額の借金」を恐れて奨学金を借りたくても我慢する学生も増えている。

勤労者の所得は平均年収でピーク時より約47万円も減り、親からの仕送りも下がり続けて月額約7万円程度である（「学生生活実態調査」全国大学生協連、2016年）。その一方で大学の学費は上がり続け、教育費負担は重く国民生活にのしかかっている。大学進学のために奨学金に依存せざるを得ない若者がつくられているのだ。

「家族からの給付のみでは修学不自由・困難」と答える大学生が増えるなかで、アルバイトに依存せざるを得ない学生たちも35・0％に上る（「学生生活調査」日本学生支援機構、2014年）。

小遣い稼ぎではなく、生活・学業のために働かなければならないから、たとえ「ブラックバイト」であってもなかなか辞めづらいわけだ。

●ブラックバイト問題の影響は正社員にも

ここで具体例を挙げたブラックバイトなどでの非正規雇用の拡大の問題と、正社員が〝働かされすぎている〟問題とは地続きだ。正規雇用が減らされ続けていることで、正社員の長時間過密労働は広がっている。

非正規雇用が拡大するなかで、仕事内容・人間関係に即座に対応できることが、働いたり生きる上での「標準スペック」とされ、多くの職場で〝器用さ〟が過剰に要求されている。

その一方で、正社員の労働者には、当然のことながら非正規雇用労働者以上の〝器用さ〟が求められる。それは自分と同じ仕事をしているにもかかわらず、自分の半分の賃金や低待遇で働く非正規労働者が同じ職場に存在するからだ。非正規を上回る〝稼ぎ〟と、〝効率よく〟利潤拡大に貢献することを、正社員は強く要求されているわけだ。

企業が望む結果に応える単純な自己証明は、「長時間・過密労働」だ。残業代を請求しなかったり休みをとらなければ、なおよいだろう。いわば「社畜」的な働き方が職場における「規範」となり、労働市場はこうして荒廃していくのだ。

3 バイトにノルマ

●コンビニ「恵方巻き」事件

4月に高校、大学や専門学校などに入り、初めてのアルバイトを経験する新入生も多いだろう。2で紹介したように、長時間労働や過酷なノルマ、罰金、残業代の未払いなど、学生生活に支障を来すような「ブラックバイト」が問題となっている。

コンビニエンスストアで1年ほど働いてきた大学1年生から、「『恵方巻き』の予約獲得数をアルバイト同士で競争させられ、自分は最下位になってしまった」「節分当日、罰ゲームとして4時間店頭に立って売り込みを強要させられ、その時間は無給だった」という労働相談が入った。

コンビニエンスストアやスーパーなどの催事で季節を感じる方も多いだろうが、その陰で従業員が泣いていることが多い。

1月は年賀状、おせち。2月は節分、バレンタイン。3月はひな祭り、ホワイトデー。5月は端午の節句、母の日。6月は父の日。7月はお中元、土用の丑《うし》の日。9月は敬老の日。10月はハロウィン。11月はボジョレーヌーボー。12月はお歳暮、クリスマス。

こうした催事ごとでの商品の販売、予約ノルマ、売れなかった商品の買い取り強要などの労働相談は、年間を通して絶えない。

相談に来た大学生の話を聞くと、催事のたびに全従業員が呼び出され、毎回2時間にわたるミーティングが開かれたそうだ。そしてこの拘束時間には賃金はつかないということだった。

さらには従業員複数名ごとに「大奥」、「若様」、「若年寄」、「姫君」、「老中」と名づけたチームを組ませ、予約獲得数を表に掲げて競い合わせていた。最下位になったチームには「罰ゲーム」があったが、それを避けるためには、一定額の商品を自ら買い取ってよいという〝救済措置〟があるという。

●バイトが取れる〝防衛策〟

団体交渉では、こうしたゲームを強要していた店長やオーナーを追及したが、「決して『売らなければいけない』などと、従業員をギチギチに締め付けていたわけじゃない」、「『ジュースでも飲みながら気楽に。ゲームを楽しむつもりで参加してね』というつもりでやっていた」、「従業員のモチベーションと連帯感を高めるためにやっていたつもりだけど、まじめすぎる従業員は深刻に考えていたのかもしれない」などと、強要があったという事実から逃れようと必死だった。

催事でいくら商品を売ったところで、労働者にはインセンティブはつかない。それどころか、この店舗で働くアルバイト・パートの時給は最低賃金ぴったりだった。こんな働かせ方で、モチベーションや連帯感など高まるはずがない。

催事商品の売り上げ目標は、「前年度クリア」だという。催事のたびにこうした強要があれば、ノルマは年を重ねるごとに厳しくなっていく。

仮に法的知識があり、ノルマ強要や無給の〝罰ゲーム〟を違法だと職場で訴えたとしても、現実はシフトを干されたりクビになるなど報復が返ってくる可能性がある。その場しのぎの対応で終わる可能性も高い。

こうしたトラブルに遭遇した際は、会社や上司のいうことを鵜呑《うの》みにせずに、まずは労働組合に相談をして、アドバイスを受けることが重要だ。

その際、書面などで会社とのやりとりを証拠として残す（自筆メモ、写真、メールやメッセージのやりとりの保存。ＬＩＮＥではテキスト化して記録を残すことも可能）。違法行為などを裏付ける証拠を記録する（ノルマ表、罰金などのペナルティ、出退勤時間表など。ただし業務時間外に行うこと）。会社とのやりとりを録音する（自分の声が入っていれば秘密録音可）。こうしたことが、防衛策として挙げられるだろう。

●未払い賃金全額支給で決着

この交渉の結果、指摘した全ての未払い賃金が全額支給された。弁償金額も、過去に遡って全額返金を認めさせ、全従業員にも同様の対応をすると確認。再発防止を約束させた。

ちなみに、今回相手側について団体交渉に参加した社会保険労務士のブログには「『コンビニで恵方巻きを1000本販売するための17の方法』というタイトルでセミナーをやりたいと思っています！」などとあった。

この社会保険労務士は、明らかな賃金未払いなどは黙認する一方、売り上げを上げるためのあれこれの手法をオーナーに入れ知恵していたわけだが、社会保険労務士は倫理綱領において、「社会保険労務士は、品位を保持し、信用を重んじ、中立公正を旨とし、良心と強い責任感のもとに誠実に職務を遂行しなければならない」とされ、社会保険労務士法1条では「事業の健全な発達と労働者等の福祉の向上に資すること」と謳《うた》われている。こうした社会保険労務士は、その義務と責任を放棄しているといえるだろう。

④ 若者が壊されていく職場と行政の限界

●働いても「まとも」に食えない

「ワンルームのアパートに男3人。サンコウタイで住んでいます」。「サンコウタイ」の意味がとれずに戸惑っている私を見て、相談者の男性は、乾いた絞り出すような声で笑った。彼のぶっきらぼうな説明によれば「1人が寝ている間に2人が働く」。つまり「3交代制」ということだ。

コンビニエンスストアでアルバイトとして数年働いているというが、有給休暇はとれず、社会保険や雇用保険も未加入。賃金は最低賃金に毛が生えた程度で、月収も一人暮らしはとても望めない水準。オーナーに働きを認められ「正社員にならないか」と、しつこく声をかけられているそうだが、この会社では社員になれば残業代はつかなくなり（当然、違法である）、長時間労働・超過密労働が待っている。「過労死するほど働くか」「貧困状態に堕《お》ち込むか」――という「究極の二択」だ。これは若者たちの働き方の特徴の1つだ。

労働相談では、相談者の住まいの状況も聞く。「住み込み」「寮」「社宅」や「借り上げ住宅」であれば、職場で「おかしい」と思っても声を挙げづらい。経営者に「文句があるなら、ここを出て行け」と、仕事も住まいも脅かされる状況にあるからだ。

住まいが奪われ、貯金がないなどの困窮状態にあれば、労働相談と並行して生活相談にものる。「持家」であればローンの残高、「借家」であれば滞納はないか。闇金、サラ金、奨学金、カードローンや家族や友人知人への「借金」についても、できるだけつかんでおく必要がある。

●労働基準監督署に残業代未払いの申告に行ったら、報復として損害賠償請求

「50万円の損害賠償請求をされて…」。電話先の、震える女性の声から涙ぐんでいることが伝わってきた。彼女はエステ店の雇われ店長（エステティシャン）。労働基準監督署に残業代未払いに関する申告に行ったことの「報復」として、会社の借り上げマンションから追い出された。「50万円の損害賠償」とは、会社がそのマンションを借りたときの初期費用だという。現在、彼女は家財道具を処分して、友だちの家に転がり込んでいるというが、そこから職場に通うこともできないので、収入が断たれた状況だ。給料日に振り込まれるはずだった25万円は、損害賠償金の穴埋めとして「強制天引き」され、1円も手元に入らなかった。「残りの25万円をただちに支払わなければ訴える」、これが会社側の主張だった。

彼女の手持ちのお金は数千円。すぐに干上がることは目に見えていたので、相談にのったその日のうちに会社側に電話を入れた。

●行政にできること、できないこと

働く上でトラブルが発生した場合、弁護士への依頼や、訴訟を起こすほか、行政機関に持ち込んで解決を目指すことができる。

個人が相談できる行政機関先としては、労働基準監督署、各都道府県に設置されている国の労働局、その他都道府県が設置する労働問題の情報発信や調査・あっせんを担当する労働相談窓口（東京都の場合、「東京都労働相談情報センター」だが、一般には「労働センター」「労働事務所」という名称が多い）が考えられる。これらの行政機関は、憲法に定める国民の勤労の権利（27条1項）を充実させる観点から、国や地方自治体が設けている機関だ。

労働基準監督署は、いわば労働社会の警察の役割を担う役所である。労働基準監督官は、労働基準法違反などの法令違反の実態がないかを調査し、その是正の申告を行うことができ、違反については警察と同様、捜査をして処罰を検察に求めることができる。労働基準監督署に行って是正の申告手続きを行えば、是正指導や勧告の結果として問題を解決できるケースもある。

労働局は、労働問題の実態の調査や広報のほか、「労働者派遣法違反」についてだけは、労働者が申告手続きをとることで労働基準監督署同様の対応を期待できる。

都道府県の労働相談窓口では、当事者の間に入り、仲裁のあっせんなどを行っている。職場でトラブルがあったときに相談し、事実を調査してもらい、あっせんの中で使用者を呼び出して話し合いの席を持ってもらうことができる。

これらの行政機関を利用するメリットは、労使の紛争の仲裁を無料でしてくれることだ。一方、強制力がないため、使用者が任意に話し合いに応じない場合の解決には結びつかない。

さらなる問題は、人手不足だ。労働基準監督官は全国で約３２４１人（２０１６年現在）。この中には管理職など実際に現場に出ない監督官も含まれ、実際の実動部隊はその半分ほどという。ＩＬＯの基準では、１万人の労働者に１人の監督官が必要といわれる。その基準で考えれば、日本では５０００人以上が必要である。

全国に１人でも労働者を使用する４２８万事業場（２００９年経済センサス―基礎調査）の臨検監督を実施する場合、監督官１人あたりにすると１３００件以上で、平均的な年間監督数で換算すると、すべての事業場の監督を行おうとすると、25～30年程度必要な計算となる。２０１０年以降に実施した監督の労働基準法等の違反率は、65％以上（２０１５年度は69・１％）で高止まりが続いている。

東京23区のうち最も事業場数が多い中央労働基準監督署では、監督官１人あたり約３６００事業場を受け持つことになる。

監督官を含めて労働行政に携わる職員数は、この10年で約２０００人も削減された。こうした状況でまともな指導などできるわけがない。

寄せられる労働関連法規違反事例は膨大だが、現状の労働基準監督官の数では対処しきれず、１つひとつの事件についての十分な調査と、是正に向けた行為に踏み出せない。

労働基準監督署が送検するといった事態もなかなか認められず、労働局も派遣法違反の実態を調査し切れず適切な是正を行えていないのが実態だ。

●ブラック企業には労働組合で対抗を!

職場でのトラブル、特に「ブラック企業」と呼ばれるような会社で働く若者たちは、企業の一方的な都合で、あっという間に仕事と住まいが奪われるような働き方を引き受けさせられている。こうした状況の解決には労働組合が最も有効だ。「この職場はオレが法だ、法律なんてクソ喰らえだ」といってはばからないような経営者に直接対峙《たいじ》し、ときには生活面も含めてフォローしていかなければ、多くの若者は救われないのだ。

先に紹介したエステ店で働いていた労働者のケースは、損害賠償請求を撤回させ、「強制天引き」された賃金を返還させた。また、実質的には解雇されたと主張できるケースだったため、次の生活と就労に十分つなぐことができる和解金を支払わせることができた。これは電話1本で解決した。

5 〝鮮度が落ちた〟と雇い止め

●雇い止めを生む改正労働契約法

「雇用の安定化を図る」という「建て前」で2013年に労働契約法が改正された。これにより有期雇用契約が通算で「5年」を超えて更新された場合、労働者の申し込みにより無期労働契約に転換されるという仕組みができた。

しかし私は、この法改正に対して疑念を抱いていた。なぜなら、企業は無期化を逃れるため、5年を経過する前に非正規労働者の契約打ち切り（雇い止め）に走るということが予測できたからだ。これでは「雇用の安定」どころか、非正規労働者の低賃金・低処遇の再生産、細切れ労働の固定化を促進させてしまう。

●「4年で雇い止め」を打ち出した喫茶店チェーン

この法律改正案が国会で審議されているその真っただ中に、改正法の定める「5年」を迎えるのを避けるためのルール――有期雇用契約を通算4年以上は更新しない、などの方針を打ち出した会社がある。喫茶店チェーンを経営するS社だ。

S社の千葉店で働いていたYさんは、大学1年生の時にオープニングスタッフとして雇われ、足かけ9年近く（雇用契約は3か月更新）働いてきた。店舗で働く正社員は、店長1人のみだ。正社員は毎年1年ごとに配転されるため、彼女たちのようなベテラン非正規労働者がいなければ店がまわらない状態だった。彼女らベテランは「時間帯責任者」なる〝称号〟と引き換えに、「お前たちの仕事は店の売り上げを上げること」だと、経営者目線で働くよう追い立てられてきた。その挙げ句、S社が打ち出した方針により、雇い止めされたため組合に相談に来た。

安倍首相は「（アベノミクスで）雇用が100万人増えた」というが、非正規雇用労働者は172万人増の一方、正規労働者は23万人も減っている（総務省「労働力調査詳細集計」2012年10～12月期、2015年同期）。増えているのは非正規雇用なのだ。こうした中で、いままで正社員が担っていたような基幹的業務や責任が、雪崩を打つように非正規労働者に移行していく状況が広がっている。「現場責任者」「バイトリーダー」「シフトリーダー」「コアスタッフ」「コアキャスト」「主任バイト」「バイトマネージャー」などの〝名ばかり責任者〟に任命されても、時給や待遇はさほど変わらず（まったく変わらないケースもある）、企業の都合で解雇・雇い止めをされ、調整弁のように扱われていく。企業は非正規労働者に依存しながら、従業員目線と経営者目線を自分たちの都合のいいように使い分ける。

S社は、「アルバイトの多くが女子学生。大学に通うのは4年が一般的。そういった意味では当社で働いてもらうには（雇用契約期間は）上限4年が妥当なところ」「カウンターに若い女性が並べばお客様が喜ぶ。これを我々は『鮮度』と呼んでいる。従業員を定期的に入れ替えないと『鮮度』が落ちると考えている」などと発言し、4年雇い止めを強行した。

S社は、この雇い止めは改正労働契約法とは無関係だと強弁したが、有期雇用の更新回数上限を設けた時期は、まさに有期雇用契約の無期契約への転換制度の法案が成立しようとする時期であること、現場で更新回数上限制度導入の説明をした店長が「そういう法律ができるみたいです」と述べていたこと、S社自身が雇い止めの理由を何ら合理的に述べていないことからすれば、真の理由は労働契約法改正により無期雇用契約が増えることを回避しようとするものであったことは明白だろう。

加えて、会社側の労働者の人格を無視した発言も看過できない。Yさんは首都圏青年ユニオンに加入し、団体交渉を経て、2013年7月23日、東京地方裁判所で提訴に踏み切った。彼女は法廷で、「私は、グランドオープンから支えてきたこのお店をより良いものにしていきたい、たくさんあるカフェのなかで一番居心地がいいとお客さんに思ってもらいたいと、常に緊張感を持って一生懸命働いてきました。常連のお客さんが増えたときの喜びは言葉では言い表せません。そんな気持ちで働いてきたからこそ、ここで頑張ることにやりがいを感じ、このお店に愛着を持ち続けることができました…鮮度という言葉はモノに対して使う言葉ですが、若い女性のことを〝鮮度が高い〟といい、そういう子をそろえたほうが男性客の集客につながると、平然といったのです。愛着を持ち、8年以上働いてきた大切なお店に、魚や野菜のように、〝鮮度が落ちたから〟〝賞味期限切れ〟だから、もういらないといわれたことに、打ちのめされ、深く傷つきました。４年で人を使い捨てにするだけではなく、女性をモノ扱いし、年齢を重ねた女は必要ないといわれたことが、私に裁判を決意させる決め手となりました」と述べている。

この事件で、原告（Yさん）は、①従業員としての地位確認、②雇い止めから起算する毎月の未払いの賃金の支払い、③違法な雇い止めをした損害賠償として金２００万円の支払いを求めた。

こうした請求の理由として、①契約更新を19回行うことで４年11か月にもわたり、原告は被告の下で継続的に雇用されてきたこと、②大学卒業時に退職しているが、退職前にも、契約更新を14回行うことで3年7か月にもわたり継続的に雇用されてきたこと、③契約の更新が機械的・形式的に行われてきたこと、④被告（S社）では期間満了により雇い止めされた者がいないこと、⑤原告は正社員とほぼ同じ業務内容であったことなどから、本件雇い止めは、「期間の定めのない労働契約を締結している労働者を解雇することと社会通念上同視できると認められる。」（労働契約法19条1号）に該当することが挙げられた。つまりYさんの雇い止めは、期限の定めのない正規労働者の解雇と同一といえ、こうした合理的理由のない雇い止めは無効、との主張である。

この事件は２０１６年2月16日に東京高裁で和解が成立した。その内容は、口外禁止条項との関係で公表できないが、Yさんに対する一定の解決金の支払いは、雇い止め及び「鮮度発言」について会社が責任を認めたも同然であり、また、Yさんも「尊厳が回復されたと感じている。勝利に近い和解だった」と語っており、この和解は勝利的和解と十分評価できるものである。

改正労働契約法の問題では、ある大学が更新上限を5年以内に変更し、約３２００人が雇い止めの危機にあるなど引き続き問題となっている。

こうした事態を受けて文部科学省は２０１６年12月、有期労働者が5年の継続雇用で無期雇用に転換できるルールについて、無期転換を避けるために雇い止めをすることは労働契約法の趣旨に反するとの事務連絡を国立大学に出した。この事務連絡では、「無期転換を避けるための雇い止めは労働契約法の趣旨に反する」「雇い止めをした場合は労働局が啓発指導に取り組む」とした厚生労働省の国会答弁を紹介し、「5年到来前の雇い止めには説明責任が生じるので適切に対応いただきたい」と求めている。

さらに、5年目の契約更新を迎える２０１８年4月には「対応方針を示す必要がある」として、①無期転換ルールへの対応方針を決めたか、②就業規則をどう変更したか、③対応方針について労働組合に説明したか――などについて報告を求めている。

この労働契約法5年・無期転換ルールは、２０１８年4月以降に転換対象者が出てくるわけだが、労働者にとってみれば、原則、契約期間以外の労働条件は変わらない。とはいえ、非正規労働者にとっては、毎回の契約更新の不安が解消することは、大きな意味があるだろう。使用者の目を気にして、労働組合への加入や、権利行使することへのハードルが下がるからだ。

●本当に「女性が輝く社会」とは？

政府は「女性が輝く社会」を掲げているが、女性がキャリアアップを図れないのが日本の労働環境の現実だ。女性が活躍して欲しいのは家事や育児、介護や非正規単純労働。これが彼らの本音ではないか。「女性が活躍する社会に向けて日本が世界を先導する」と掲げたところで、均等待遇の法制もなく、性別による賃金格差や正規・非正規間の賃金格差もとりわけ大きい日本が「先導」などできるはずがない。

日本では男女の役割が固定化し、男性は「働く機械」として生きることを余儀なくされる一方、女性は家事を担う存在や、過去の政治家の発言にあったように「産む機械（装置）」として扱われ、必然的に経済力を持ちにくい立場におかれるため貧困を招く。どちらのありようも社会に大きな不利益をもたらしている。

正社員であっても女性の賃金は男性に比べて7割程度、非正規雇用にいたっては、正規雇用の6割弱だ。女性に比べて男性は正規雇用率が高いため、雇用主が提供する研修制度や福利厚生を利用できる機会が多く、賃金は年齢や勤続年数と高い関連性を持っている。しかし、正規雇用者は、企業とキャリアへの忠誠を示すため、サービス残業や休暇返上なども含め、長時間・高密度の貢献が求められ、育児や介護などへの積極的関与は非常に困難である。

ＯＥＣＤの調査では、日本の男性が家事に費やす時間（1日あたり）は、女性の5・5時間に対し、わずか1時間あまりだ。1日あたりの平均労働時間（休日も含む）は日本の男性は6・25時間（フランス2・8時間）と、世界一長い一方、日本の女性の1日あたりの睡眠時間は日本の働く男性より短い7時間36分（スウェーデンは9時間3分）と、世界一短い。

6 公共業務の民間委託で起きたパワハラ

●各地で起きる住民サービスの劣化

○○区立、○○市立などを冠する施設を目にすると、そこで働いているのは自治体の職員と考える人がほとんどだろう。しかし現在、そこで働いているのは、外部の業者やＮＰＯの職員であることが多い。「指定管理者制度」が導入されているからだ。

指定管理者とは、地方公共団体が、公の施設の管理を行わせるために、期間を定めて指定する団体のことだ。以前の「管理委託制度」では、地方公共団体が公の施設の管理を委託できるのは、地方公共団体が出資する法人（公社・財団）や公共的団体（社会福祉法人等）などに限定されていたが、２００３年９月の改正地方自治法の施行により、民間企業なども参入できる指定管理者制度になった。

こうした「官から民に」といったアウトソーシング化がどのような地域社会（雇用）の劣化を招いているかは、残念ながらあまり認識されていない。

特に保育・福祉・教育・介護・住宅などといった、人々が生きていく上で必要な領域の住民サービスを利益優先の民間企業に投げ込んでしまえば、質の劣化が起こりやすいことはたやすく想像できるだろう。これを見越して、公共サービス基本法11条は「公共サービスの実施に従事する者の労働環境の整備」を、国と地方自治体の努力義務としている。さらに「指定管理者制度の運用について」（総務省自治行政局長通知・２０１０年12月28日）でも、自治体が指定管理者を選定する際に労働法令の遵守や雇用・労働条件への適切な配慮がなされるよう、留意することとしている。

しかし、「指定管理者制度」の現場で、こうした法令は機能しているだろうか。

●ある動物園で

東京都の動物園で支援員や飼育員として働いている労働者から、園長や副園長の恣意的解雇や降格などの横暴な施設運営、従業員に対する暴力的な言動をやめさせたいという相談が入った。

この動物園は、知的障害者福祉法に基づく「通所授産施設」（障がい者が住み込みでなく、自宅から通いながら働く施設）としての役割も担っていた。通所授産施設は、在宅の知的障がい者が作業を通して基本的生活習慣や社会性を身につけ、社会参加することで喜びと生きがいを得ることを目的とした施設である。利用者（この園で作業している障がい者）は入園チケット受付け、種子の袋詰め、袋づくりなどの簡易作業を担っていた。

園長は、正規職員として採用されたばかりの職員に「あなたは〝障がい者〟より使えないからバイトにする」と一方的に通告したという。通告された本人は、すでに園のそばに引っ越して新しい生活も始めていた。このままでは生活が立ち行かないため、仕事を探してダブルワークをするつもりだという。

園では非常勤職員の冷蔵庫の使用禁止、同じ下駄箱を使わせないなど、常勤職員との間に差別的待遇を設けており、正規職員からアルバイトに〝降格〟（労働基準法2条は労働者の同意のない一方的変更を無効としている）した職員に対しては、1日中カゴ洗いなどの単純労働に従事させるなどの不適切かつ差別的な対応を行っていた（労働契約法20条は期間の定めがあることによる不合理な労働条件を禁止している）。

翌月の勤務シフト予定表ではこの職員の名前が外されていたことから、園長はこのまま解雇するつもりであることは明白だった。

このような職場環境のため、職員の退職は頻繁に続き、落ち着いた施設運営はままならない。職員や利用者の保護者らから上げられる意見は施設運営から排除され、理事会の運営も形骸化していた。公共サービス基本法の定めにもかかわらず、こういった状況で労働問題や事故などが起きても、市や区はまともな対応をしないことが多い。

現場の職員たちの我慢は限界だった。園長は「いうことを聞かない」と利用者を監禁。「汚い」「気持ち悪い」となじる。昼食の介助を必要とする利用者に対しても1時間の休憩を15分に変更して追い立てるように食べさせるなど、いつ事故が起きてもおかしくない状況だったからだ。

●パワハラ役員との団体交渉

短期間で職場の過半数を超える職員（常勤・非常勤問わず）の組合加入を進めて団体交渉を申し入れたが、直後の職場では、「こんな子どもっぽいことやめなさい」「組合が施設運営に口を出せば、めちゃめちゃになる」「ユニオンは危ない団体」「誰が入っているの？」などと、園長らが職員を恫喝《どうかつ》する臨時の職員会議が開かれた。

園長の行為は明らかに労働組合法第7条が禁止する「労働組合の結成妨害」で、「不当労働行為」に該当する。私たちは、職員にやり取りを隠し録《ど》りさせて、正確に文字起こしした一部と抗議文をその日のうちに園側に送った。

こうしたパワハラ気質の人間は他者に論理的な組み立てをして説明することができず、適切な指示を出せないという自信のなさの裏返しとして暴力的振る舞いを起こすことが多い。また暴力的言動を論理的に抑え込まれると、往々にして職場での自らの存在意義を見失い、自滅する。実際にこの園長は団体交渉の直後に退職することを自ら申し出た。私個人としてはおもちゃを奪われ自暴自棄になった子どもを見るようで力が抜けたが、長年支配されて苦渋を飲まされ続けてきた職員らは驚嘆していた。

職場での支配や言論統制が厳しければ厳しいほど労働者は声を挙げづらい。ましてそれに抵抗して職場を変えていくことなどは考えもよらない。その呪縛からは逃れられないと〝狂信的〟なほどに思い込んでいる場合も多い。

園との団体交渉では、他の事業所から複写した就業規則は、雇用者が内容も知らずに運用していたため実態とかい離があること、職員の賃金を決めるのは園長の一方的な査定であったことなども明らかにしながら、法人側に今後は組合と協議しながら改善していくことを約束させた。組合員たちは新しい園長の下、気を緩めず利用者の保護者や地域住民、市にも働きかけて、より良い施設にするために頑張ろうと一層仕事に励んでいる。

●「公設民営」でも闘える

今回の問題は公務員ではなくとも、委託先の職員が労働組合に入ることによって行政の責任を追及し、住民サービスを守るために奮闘できるという典型的事例だ。指定管理者は、行政になり代わって管理をするという重い責務がある。住民にとってみれば、その存在は行政そのものである。

２０１５年４月の「公の施設の指定管理者制度の導入状況等に関する調査結果」によれば、全国７万６７８８施設のうち２３００を超える施設で、事業所を変更したり直営に戻している。変更の理由は労働法令違反に限らないが、何かしら「問題あり」とされる施設が多いということであり、労働環境の面からも、「公設民営」について注意を払っていくべきと考える。

⑦ パワハラと闘う

●"いじめ"か"指導"か？ パワハラの難しさ

「個別労働紛争解決制度」は、個々の労働者と企業との間の労働条件や職場環境などをめぐるトラブルの未然防止や早期解決を支援するための制度である。

厚生労働省「2016年度個別労働紛争解決制度施行状況」によれば、労働相談の中でも、パワー・ハラスメント（パワハラ）にあたる「いじめ・嫌がらせ」の相談が6万6566件（22・4％）と、4年連続で相談のトップで、増加傾向にある（個別労働紛争解決制度は2001年10月から始まり、全国の労働局や主要駅周辺の「総合労働相談センター」で相談を受け付けている）。

「職場」（取引先の事務所、出張先、接待場所、派遣先、打ち合わせのための飲食店、顧客の自宅、職場の懇親会の席など、特定の就業場所に限らず、業務を遂行する場所も含まれる。勤務時間外の宴会であっても、職務との関連性や参加者、参加強制の有無などにより、実質的に勤務の延長であり「職場において」行われたとみなされる場合がある）への性的関心の持ち込みは非常に異質なものであるため、セクシャル・ハラスメントについては、比較的判定しやすい。

しかし、業務に関連して行われる指導・叱責がどこからパワハラになるのかについての判断は非常に難しい。法律上の明確な定義はないが、職場のパワハラは、同じ職場で働く者に対して、職務上の地位や人間関係などの職場内の優位性（上司から部下に行われるものだけではなく、先輩・後輩間、場合によっては部下からなど様々な優位性を背景に行われるものも含む）の下で、業務の適正な範囲を超えて、精神的・身体的苦痛を与えたり、職場環境を悪化させる行為をいうからだ。

どこから嫌がらせなのか、どこまで指導なのか見えづらいケースは、ハラスメントの行為者（ハラッサー）たちに異議申し立てをしても、「がんばれという期待を込めた気持ちでいった」「指導の一環だった」といわれれば、パワハラと指導の境目は非常に難しい。

このため、どのような行為を職場からなくすべきか、労使や関係者が認識を共有できるようにすることが必要である。社会人教育だとか、しつけてやっているなどと本気で考えているケースの場合は、強く跳ね返さなければ改善されることはない。

●パワハラには労働組合が有効

パワハラには、きちんと交渉する力を持った労働組合に相談して企業側と向き合うことが解決への近道だ。社内の組合に頼れなければ、個人加盟の労働組合も有効だろう。ひどいケースは警察へ通報したり、医療機関にアクセスするよう誘導できる。ハラスメントを受けた被害者個人の救済のみならず、2次被害や再発防止を企業側に求めたり、ハラッサーの減給・降格処分や部署や職場からの排除、社会的告発などの制裁を加えることも可能だ。これらは弁護士を雇うより効果的であり、ハラッサーや企業側も労働組合による交渉の申し入れは簡単には無視できない。

そもそもハラスメントが発生した職場内で相談することにためらいもあるだろう。ハラッサーがこうした情報にアクセスできるような地位にある場合も多いだろうし、「忙しい」とか「あなたにも原因があるのでは」と、まともにとりあってもらえないことも多い。企業内の窓口に相談したが秘密が守られず、逆にセカンドハラスメント、雇い止め・解雇、退職勧奨を受けたといった相談も多数寄せられる。

また、ハラスメント問題はどこまでが嫌がらせなのか証明しづらく、開き直るハラッサーに突きつけられる揺るがぬ物証が残っていないケースも多い。「何年も前のことなのですが…」と相談に来る相談者もたくさんいるのだが、ハラスメントの被害者は「自分も悪い」と被害意識を内面化したり、被害を思い出すだけでもつらいといった心理的負荷も心配される。

●パワハラのある職場に法令違反あり

こうした状況を強く跳ね返し、職場のなかで被害者を守りつづける意味でも、社外の個人加盟のユニオンは強力に作用する。ハラスメントが放置される職場では、ほぼ例外なく、ほかにも残業代不払いなどの法令違反や違法行為がある。総体的に職場の不法行為を追及していくなかに、ハラスメント行為も混ぜて追及するのだ。その職場のなかに法令違反や違法行為が行われているという土壌があれば、当然ハラスメントのような人権侵害が起こりやすい。ハラスメントの確たる物証がなくとも、被害者の証言や状況証拠だけあれば、こうした角度でハラスメント問題を追及することは可能なのだ。

私に寄せられる労働相談にも、「いじめ・嫌がらせ」に関わるものが年々増加している。最近では、弁当の製造工場でアルバイトとして働く男性から、副工場長に因縁をつけられて暴行を受けたというケースがある。また、ある企業の食堂で調理師として働いている正社員の男性からの相談では、社長が飲み会のたびに執拗《しつよう》にからみ「お前のことが気に入らないが、俺のほうから殴ると暴力になる。まず、お前から殴れ」と迫られるといったケースがあった。

どちらの会社もご多分に漏れず、賃金未払い、有給休暇を一切認めない、社会保険・雇用保険の未加入の問題などがあり、労務管理もずさんで賃金計算は15分単位で切り捨てられていた（⑭参照）。

団体交渉では、どちらのケースもパワハラを認めず、「飲んでいたから記憶にない」「謝ったからいいじゃないか」「お互い様で悪意はない」などとしらを切って逃げ回るため、これらの法令違反を踏まえ、ハラスメントの問題に切り込んでいった。

ハラッサー本人に対しては民法７０９条（不法行為）に基づく損害賠償責任を問い、監督責任を果たさなかった会社（使用者）に対しても民法７０９条（不法行為）、民法７１５条（使用者責任）、民法４１５条（安全配慮義務違反による債務不履行）に基づく損害賠償責任を問うた。

こうして賃金未払いについては入社日に遡って支払うこと、社会保険と雇用保険の遡及加入、会社側とハラッサーからの謝罪、ハラスメントの再発防止のため、年に1回はハラスメント問題の外部講師を呼んで講習を受けることなどを和解協定書に盛り込み、全面的に解決した。

パワハラは繰り返されることがほとんどであり、放置すればより深刻になる。パワハラメールやメモ(自分の記録でも可)、同僚や友人・家族への相談記録。当時記録した日記や録音。自分の声が入っていれば通常のメモと変わらないと考えられるため、隠し録りでも構わない。こうした記録は自己防衛のために意識的にとっておく必要があるだろう。

8 教育系アルバイトの「やりがい搾取」

●バイトが遅刻で高額過失請求?!

「故意、または重大な過失において○○の信用及び利益を損なう行為があった場合には、相当の損害賠償金を請求いたします。」

インターネットで見つけた家庭教師派遣の会社にアルバイト登録した大学生は、契約前にこうした「講師規定」なるものに基づく誓約書に捺印とサインを求められた。その上で、高校3年の受験生の指導を紹介され、時給1800円で週2回、1コマ90分の指導を受け持った。

ある日、本人に対して会社から脅迫めいた電話があった。「お前のふざけた行動のせいで、会社に80万円もの被害が出た」「お前は解雇だ。訴えてやるから覚悟しろ」というものだった。

後日、自宅に届いた内容証明郵便には「貴殿の無責任な行動により多大なる損害と顧客からの信用を失いました。」「この行為は明らかに貴殿の過失であるため、講師規定に則《のっと》り、損害金を請求致します。」とあった。

これは本人が寝坊してアルバイトに遅れたり、指導日を自分の学業の都合で何回か変更したなどの行為に会社側が激高して出したものであったが、遅刻や時間変更といっても回数や状況は通常の感覚では許容範囲といえるものだった。

　実はこの会社は、別の学生にも同じような形で損害賠償を請求していたことがあり、以前にも相談を受け団体交渉を経て解決し、その経過を労働組合のウェブサイトに掲載していた。この学生はそれを見て相談に来た。

　こうした損害賠償請求は、遅刻や欠勤、クレームなどのミスを挙げつらって行われるため、本人が親や周囲に相談しても「あなたにも非があるのだから、数万円ぐらいなら払ったら」などといわれて、労働問題ではなく個人の資質の問題とされてしまいがちだ。

●塾講師や家庭教師の「やりがい搾取」は深刻

　全国学習塾協会によれば、少子化で1人あたりにかける教育費が増え、個別指導のニーズが高まっているという。2014年3月時点の教育・学習支援業の就業者数は303万人と、10年前より26万人増えている（総務省「労働力調査」）。

　塾講師・家庭教師などは教育系の学生アルバイトの定番ともいえるが、その多くは「ブラックバイト」というのが実情だ。

　塾講師や家庭教師は、学生アルバイトであっても時給3000円以上という求人もあり、一見すると時給が高く見える。しかし授業準備や待機時間、研修やミーティング（強制的に参加させられていても無給や交通費が出ないということもある）、報告日報、保護者連絡、クレーム対応などに費やす労働（拘束）時間も含めて換算すれば、最低賃金を下回るケースがほとんどだ。

さらに塾講師の場合は、夏期・冬季講習に入る長期休み前に予定を大きく空けておくことは〝常識〟であり、直前にシフトが決められ、自分の都合では休めない。

ある大手有名塾では「本気でやる気を育てる／授業準備は命です」といったスローガンを掲げながらも、授業の準備時間に賃金はつかないという。１コマ、１授業あたりに対して賃金が発生するといった発想なのだ。

教材費・コピー代・通信費などといった諸経費も自分持ちというのが〝あたり前〟であり、この業界は学生たちの持ち出しによって成り立っているといえるだろう。

個別指導を売りとする塾は多い。それぞれの生徒のペースに合わせてわかりやすく教えることがメリットだが、前出の大手有名塾では、個別指導といいながら、学年も教科も違う生徒を２人同時に教えさせていた。

学生にとっては準備やフォローに費やす時間が生徒２人分取られるわけだが、時給は変わらないから、塾にとっては２倍以上のうま味がある。というのも企業にとっては、集団指導より個別指導は授業料が高額だから、２倍以上の報酬が得られるのだ。こうした利益を優先させ生徒や講師の状況を顧みないやり口は、業界のなかで拡大していっている。

冒頭で紹介した企業の「講師規定」や、不当な損害賠償請求が繰り返されていたことを見ても、この業界の体質の一端がうかがえるだろう。

被害を回避するためには、契約時にシフトや勤務地、業務内容などを確認することや、労働時間や教材費などの実費について記録することが重要だ。

教育系アルバイト業界では、生徒への〝愛〟や〝奉仕〟が説かれ、〝やりがい搾取〟が常態化している。「キミがここで指導を投げ出し辞めてしまえば、生徒の人生に影響する。そんな無責任なことでいいのか」などといわれれば当然辞めづらい。まじめな学生ほど搾取され続ける。

●問題解決への道筋

こうした問題解決にあたってもっとも有効なのは、やはり労働組合だろう。今回の学生は謝罪文を書くことまで強要され、このなかには自らの非と「解雇という処分を重く受けとめます」という一文があったが、団体交渉でひっくり返した。

具体的には、まず学生の未熟さ、生徒やその家庭とのトラブル、会社の被害などは想定範囲内であって、それを学生バイトの責任だけに帰結するやり方は異常であることを主張した。学生らの貢献度や責任の重さと会社の被害を天秤《てんびん》にかけても、甘えているのはむしろ企業側だという認識も示した。

さらに、多額の損害賠償を請求するにとどまらず、最終就労月の賃金を払わず「お前は解雇だ」などと通告すれば、会社側の通告により労働契約が解除された不当解雇といえる。

これらの点を追及し、解決にあたって、損害賠償請求の撤回と会社側からの謝罪、不払い賃金と数か月分の賃金に相当する金銭を請求し、これを会社側が受け入れることで合意した。


ここで紹介したような働かせ方に学生の時分から慣れてしまうのは危険だ。なぜならブラック企業に就職することへの〝耐性〟がついてしまうからだ。

労働者は、何が違法であるかという理解はもちろんのこと、権利を行使する上での〝作法〟も身につけていかなければ、「やる気」を利用され、消費されてしまうことになるだろう。

一方、学習塾業界で働く労働者が労働組合に加入することによって、実態が告発され改善を求める声が広がっている。ついに２０１５年３月末、厚生労働省は学習塾業界に対し、法令を遵守するよう異例の要請を出した。勇気がいることだろうが、やはり、職場のなかから声を挙げることが重要なのだ。

9 “人質”にされる住まい

●会社の寮に住む若者が精神疾患に

「もう、何も考えられません。限界です…」と、銀座の一等地、4丁目の時計台の交差点そばにあるヘアーサロンで働く若者が相談に来た。

理容専門学校を卒業後、正社員の理容師として就職。しかし、1日11時間労働や上司からのパワハラで体調を崩していた。雇用保険や社会保険には未加入だったため、医療機関にかかる際は国民健康保険を使っていた。国民健康保険は、企業の健康保険と違い、ケガや病気で働けなくなったとき、その期間の収入を補う「傷病手当」は出ない。少ない休みのなかでなんとか病院にかかったが、医師からは精神疾患に罹患《りかん》していることと、数か月間休養をとるように告げられた。

診断書をもらったが、それを会社に提出したところで休職できないことは目に見えていた。過酷な働き方で従業員の離職率は高く、職場は慢性的な人手不足だったし、有給休暇を取得することなども認められない環境だったからだ。

彼の出身地は山形県。東京に出て働けば一人前の技能が身につくだろうし、地方と違って仕事にも困らないだろうと考えていた。同じような地方出身者たちと住んでいたのは会社の「寮」だったが、それは会社が借り上げたビルのワンフロアを簡易なパネルで区切った部屋だった。共同のトイレと簡易シャワー、キッチンが備え付けられ、そこで同僚7人と共同生活。いわゆる〝脱法ハウス〟と呼んでいいような住環境だ。当然、こんな部屋では気も休まらない。

●〝住まい〟が人質にとられる！　居住権と労組加入で対抗

私はこうした働き方を「住まいが人質になって働かされている」と表現する。働けなくなった途端に、解雇や「寮」の追い出しを迫られる可能性も十分にあるため、たとえ労働者が就労できない状況であっても、問題が解決するまで「寮」からの追い出しを行うなと経営者に警告する必要がある。

その際、強調するのは2点だ。1つは通常、家賃の滞納がなく一定期間その住居で生活していれば「居住権」が発生する。正当な理由なく住まいを脅かす行為は認められないということ。もう1つは労働者が労働組合に加入したという通告だ。

組合に加入した労働者の追い出しは、〝不当労働行為〟ともいえる。「我々は労働組合法上の要件を全て満たしている組合である。団体交渉の拒否、組合員に対する不利益な取り扱い、及び説明行為や事情聴取などは不当労働行為であり、そのような行為があった場合には法的措置や労働組合としての諸行動を行うことがある」ことをあらかじめ申し添えておくのだ。

当然、それでも追い出しをかけてくる企業もあるし、「ノーワーク・ノーペイ」などと主張し、不当にも休職した月から賃金を支払わないといった企業もある。そうなればただちに労働者は困窮するため、企業側のそうした動きにも組合が備えておく必要がある。

●困窮に備え、生活保護を申請

彼の月収は基本給15万円で、固定残業代が2万円。そこから寮費の3万1000円や寮生活を共にする同僚たちと頭割りした水道光熱費が引かれ、手取りでは13万円を切った。固定残業代といっても実態は残業代の支払いを回避するために運用されており、残業時間を含めた労働時間で計算すると、最低賃金に張りつくような賃金だった。「正社員」といっても名ばかりなのだ。

さらには賃金は開閉店時間の範囲でしか支給されず、36協定（1参照）も結ばずに長時間の時間外労働をさせられていた。それが前提となっているからなのか、タイムカードもなく労働時間管理は一切なされていなかった。

カットやシャンプーなどの練習時間、研修と称する休日出勤、休憩時間がまともにとれないなどの労働実態も交渉のなかで明らかになった。

この企業に対する団体交渉の申し入れにあたっては、有給の休職を請求するなど望むべくもなく、残業代不払いの請求と、社会保険の加入請求をした。しかし未払い賃金などのまとまった金員が手元に入るのは先となる。そのため生活費のつなぎがなく、医療費も過大な負担となってしまう。彼の場合は生活保護申請も同時に行った。

●労働相談から生活相談へ——仕事と同時に住居を奪われるということ

このケースのように、最近の相談には、住まいが人質となって働かされているケースや、仕事と同時に住まいを奪われたというものが多い。

表面的には自立して生活しているように見えても、長時間過密労働により体や心を壊していたり、低賃金で働かされているため貯金がないなどの困窮状態にあるケースが増えている。

労働組合にアクセスできなければ、住まいを人質にとられながら「お前の代わりはいくらでもいる」「文句があるなら辞めればいい」などと脅され続け、働く条件は底なしに悪くなっていく。

このケースは、団体交渉のなかで問題を追及し、未払いの残業代や寮から出るための引越し費用、今後の治療費を含めた解決金を支払わせた。

労働相談では相談者に貯金があるか、両親や家族は健在か（頼れるか）、さらには住まいの状況も聞く。「住み込み」「寮」「社宅」や「借り上げ住宅」に住んでいるのであれば、今回のケースと同様の対応が必要となる。

「持ち家」であれば、ローンがどれほど残っているのか。「借家」であれば、家賃は滞納せず払えているのか。闇金、サラ金、奨学金、カードローンや家族や友人・知人などへの「借金」についてもできるだけつかんでおく必要がある。

入口は労働相談であっても、労働相談と並行して生活相談の対応をせざるを得ない。これがいまのリアルな若者の状況であり、働く現場ではいままでの理解が届かないところまで「常識」が崩れているのだ。

10 〝ブラック企業に依存せざるを得ない〟構造

●ポスティング作業中にバイク事故

あるポスティング会社で2か月ほど働いていたが、賃金が払われないという相談があった。不動産の案内、デリバリーメニューなどの宣伝チラシを住宅のポストに投函《とうかん》する業務だ。仕事がある際は携帯電話で呼び出されて社長の自宅兼事務所に出向く。そこでチラシと配布エリアの地図を渡され、バイクに乗って配布場所へ向かうという流れだ。バイクはレンタル会社から借りているもので、このガソリン代などは自分持ちだ。

相談者の不満は、賃金不払いや業務上必要な経費の自己負担だけではなかった。業務の移動中、バイクで接触事故を起こしたが、バイクの弁償や自分の怪我の治療費なども自己負担を強いられたということだった。

●ワーキングプアの実態

日本で貧困状態に置かれている最大多数は労働者である。ホームレス状態にあったり、生活保護を利用していたり、失業している者ではない。ワーキングプアといわれる年収200万円に満たない労働者は2016年現在1139万人と年々拡大しつづけている。

これまでも再三触れているが、これは非正規雇用の政策的拡大によってもたらされた。非正規雇用労働者が貧困にさらされるのは、まず低賃金に起因する。非正規労働者の多くを占める1381万人のパート・アルバイト労働者の賃金は、最低賃金水準にへばりつくように設定されていることがほとんどだ。地域別最低賃金の全国加重平均は時給848円（2017年10月現在）だが、これに所定内労働時間1860時間をかけて計算すれば、年収157万7280円にすぎない。全国で最も高い東京都の最低賃金は時給958円だが、これで計算しても年収178万1880円にすぎない。つまり、フルタイムで働いたとしても、その多くは貧困状態におかれることになる。また、この低賃金では生活が困難なために、ダブルワーク、トリプルワークを強いられることも少なくない。

そして、非正規労働者は一定の生活レベルを維持できるような賃金水準や待遇も見込めない。それは勤務期間が短いことが多いからだ。非正規雇用の場合、有期雇用がほとんどであるというだけではなく、そもそも労働条件が悪くて継続して働けないことが多い。そして、違法なものを含む解雇や退職強要に遭遇することもあるのが現実だ。正規雇用のように就労状態が継続され続けるのではなく、不規則な就労と不合理な失業に遭遇せざるを得ないというのが実態である。

仕事を失えば、すぐさま生活に困窮する。2014年の「家計の金融行動に関する世論調査」（金融広報委員会）によれば、2人以上の世帯で年収300万円未満の層で、貯蓄などの金融資産を持たない世帯は40・1％、単身世帯では45・2％に達する。収入のない20代単身者では7割を超える。

さらには完全失業者のうち雇用保険の失業給付を受けられるのは、わずか20〜25％だ。ここには正規労働者も非正規労働者も含まれているため、非正規で失業保険を受けられる労働者の数字はさらに低いことが容易に予想される。つまり、非正規労働者のほとんどは失業時に無収入なのだ。

失業して無収入の上、貯蓄もなければ、どうするだろう。働ける者であれば、ただちに求職活動に入る。タイミングよく就労先が見つかったとしても、通常は給料日を待たなければ手元にお金は入らない。それを待てないほど困窮しているならば、週払い・日払いの就労先を探さなければならない。

駅やコンビニ、ファミレスなどに置かれている無料の求人広告誌を開けば、「短期ＯＫ」「Ｗワーク可」「住所不要」「寮完備」「祝い金4万円」「まかない有」などの文字が並ぶ。働く貧困者たちは仕事の内容や賃金、職場環境など選べず、こうした就労先に吸引されてゆく。

冒頭紹介したポスティング会社で働いていた労働者も「超短期」「1日だけ」「時間の融通が利く」「経験不問」「誰でもできるラクなバイト」などの求人広告にひっかかったと話していた。

●社会保険制度から排除される非正規労働者

さらに非正規労働者は、社会保険制度から排除されることが多い。雇用保険については、強制加入要件が標準的労働者の労働時間の2分の1という基準によって短時間労働者が制度から排除されている

（都留文科大学非常勤講師、河添誠氏の最低賃金大幅引き上げキャンペーン委員会での報告より）。また社会保険については、強制加入要件が標準的労働者の労働時間の4分の3と高い水準に設定されている。

これらの加入基準の障壁によって、パート労働者の多くや、低賃金を補うためにダブルワーク、トリプルワークをしていて実態的には正規労働者よりも長時間働いている労働者は社会保険から排除されてしまう。病気やケガで仕事を休んだ際、会社の健康保険に入っていれば傷病手当金制度があるが、国民健康保険には傷病手当金制度がないため、結果的に病気やケガで仕事を休めば無収入となる。年金についても、掛け金を納めるどころではないため、将来、無年金者となる場合が多いだろう。

会社が雇用保険や社会保険に違法に加入していないケースも多いため、そうした場合は過去2年間に遡って遡及加入させる交渉をする（1の製薬会社で正社員として雇用されていたケース）。失業が長期化して生活に困窮していれば、生活保護申請の同行支援も行う。こうした労働組合の対応も必要だ。

●“ブラック企業に依存せざるを得ない”構造がある

不本意ながらブラック企業に勤めてしまい退職したが、失業時に無収入となり、次の就労先を探しているうちに手持ちのお金も尽きかけ、仕事を選ぶ余裕もなく次の就労先を決めざるを得ない。現実にはこうしたことが広がっている。この際、困窮度が強まれば、背に腹は代えられないと、自分の要求を切り下げて就職活動をすることも必要となる。
こうした世界を知らなければ、「ブラック企業だったら辞めたらいい」と安易に口にするだろう。実際には「辞めたくとも辞められない」という構造、ブラック企業であってもそこに依存せざるを得ない構造があるのだ。

冒頭のポスティング会社の問題は、社長に直接電話をして、賃金不払いと事故については相当の金員と謝罪があれば本人は十分であるということだったので、これを認めさせ即日解決となった。

⑪ 高校生による労働組合結成

●なぜ高校生が労働組合を?

２０１５年8月、首都圏青年ユニオンに結集する高校生が中心となり「首都圏高校生ユニオン」(以下、高校生ユニオン)を結成した。厚生労働省によれば、高校生による高校生のための労働組合結成は過去に例がなく、初めてと見られるという。

働く現場では、いままで正社員が担ってきた基幹的業務が、不安定な身分で責任も負えない非正規雇用の労働者に押し付けられ、特に大学生や高校生たちがトラブルに巻き込まれるといったケースが頻発していることは、「ブラックバイト」問題として何度か指摘してきた(②バイトを辞めさせてもらえない)。

例えばコンビニで催事ごとに販売ノルマが課せられ(③バイトにノルマ)、売れなかったら商品を買い取らせたり、ペナルティとして時給を切り下げる、罰金を課す、シフトを削り賃金を減らすといったケース。「君が辞めれば求人広告を出さなきゃいけない。代わりを見つけるか迷惑料として広告料を払え」など、数万から数百万円にわたる請求をすると脅されて、「辞めたいのに辞めさせてもらえない」といった相談も、後を絶たない。

テスト期間中でも勉強に専念できないほどシフト勤務を入れられる。休憩時間をとらせない。「高校生は有給（休暇）はない」といわれたなど、社会的未成熟さ、法的知識の乏しさや雇用期間の短さを逆手にとって使い捨てるような働かせ方が横行している。最低限の法律すら守られないということだけにとどまらず、学生アルバイトに求められる要求や仕事の水準は上がりつづける一方だ。これ以上は我慢の限界であり、「もう黙ってはいられない」と、高校生らが立ち上がったわけだ。

●生活費や学費の支払に追われる学生

まともな学校生活を保障するためには、親の収入の多寡にかかわらず授業を受けられるよう、生活費保障と授業料無償化が本来は必要であり、高校生が生活費や学費の工面に追われるという状況そのものを何とかしなければならない。

日本は世界一学費が高い一方、教育への公費支出が先進国で最下位だ。奨学金を借りると、卒業と同時に教育ローンともいえるような多額の借金を抱えることになる。そのため、不当な解雇に遭遇しても、再び問題のある職場に就労せざるを得なくなる高校生や、多額の借金となるのを恐れて、奨学金を借りずにバイトに依存する高校生も少なくない。

貧困が広がったことで、バイトは「単なる小遣い稼ぎ」ではなく、生活費を稼ぐことが目的となった高校生も増えているのだ。

●労働者の権利行使として最も重要な〝労働三権〟

表面的には劣悪な働かされ方に甘んじているように見えても、実際には個人の努力や能力では乗り越えられない問題を抱え、困窮している。労働組合に入って声を挙げればこうした状況を変えていけるということを、組合は実践を通じて伝え広めなければならない。

高校では、授業以外の「進路指導」の延長で外部から講師を呼んで労働者教育を実施することがある。社会保険労務士や労働基準監督官、弁護士、そして、まれに組合が講師を依頼される。私自身も何度か講演依頼を受けている。こうした場で「労働者の権利」を教える際に、「労働組合」の意義を伝えられるかどうかが、実のある労働教育となるか否かの最大の試金石となる。

たとえ法的な知識や理解があっても、多くの職場は権利行使が容易でなく、法律が届かない状況がほとんどなのだから、職場において権利行使を徹底できる労働組合の存在を教えなければ、労働者の権利学習は完成しないし意味をなさないからだ。

労働基準監督署に申告したり、弁護士に委任して労働審判や裁判を起こすなどして、いわば個別的に未払賃金を支払わせることはできる。これはこれで労働者の権利主張として重要だ。しかし、もっとも重要な権利実現は、団結権・団体交渉権・団体行動権からなる〝労働三権〟（20参照）を行使すること。つまり憲法28条の行使である。これは労働組合に入らなければ認められない権利だ。

個人が個別に侵害された権利を取り戻せたとしても、社会が大きく変わるということは期待できない。同じことが繰り返されるだけなのだ。だから、真に働く問題の解決を考えるのであれば、労働組合を抜きに議論はできない。

●労働基準法で守られているはずの〝年少者〟

労働基準法では、16歳以上18歳未満の高校生は「年少者」にあたる。年少者の労働者は一般の成人労働者に比べ、法律で非常に強く守られているのが特徴だ。まず、労働基準法では18歳に満たない者については「年齢証明書（住民票記載事項の証明書など）」を事業場に備え付けることが必要となる。また、危険有害業務の制限や重量物を取り扱う業務（断続作業の場合、男性30キロ・女性25キロまで）の制限などが定められている。

また年少者の深夜業は、健康上、そして福祉上、特に有害であるから、満18歳未満の者を午後10時から午前5時までの間に使用することは原則として禁止されている。

こうして労働基準法では、年少者の健康及び福祉の確保などの観点から、その就業に様々な制限を設けて保護を図っており、特段の配慮が必要となるのだが、現実ではそれは守られていないことが多い。

高校生ユニオンのメンバーは、「うちのコンビニで働きはじめると『勇者』って呼ばれるんです」という。高校生でありながら深夜労働や1日10時間労働をさせられている。彼女は前日になってもシフトが決まらず白紙のシフト表を見て「シフトはホワイト、仕事はブラック」と自嘲気味に笑う。

自分がバイトを辞めたところで、別の「勇者」が同じ働かされ方を引き継いでいく。おかしいことはおかしいままで放置されていくだけではなく、拡大・固定化し、再生産されていく。

彼女らには権力におもねる者ではなくて、真の「勇者」となってほしい。誰かの犠牲によって成り立つ社会を放置するのはごめんだ。

12 「記録と保管」でブラック企業から身を守る

●退職後に相談に来たものの…

過労死の問題で裁判を抱えている有名居酒屋で正社員として働いていた若者から労働相談が入った。雇用契約とかけ離れた労働実態で、彼は「このまま働いていたら会社に殺される」と、退職せざるを得なかったそうだ。職業安定法では、提示した労働条件より悪い条件で働かせるなどの行為を禁じている。企業と労働者の間で、求人票や求人広告と違う条件で働くことを認める特別な約束がない限り、求人票や求人広告の労働条件を守らねばならない。居酒屋で働いていた大卒の彼も、「応募にあたってインターネットで目にした労働条件と現実は全く違うものでした」と怒りを口にしていた。

しかし彼は相談には来たものの、「社名も見たくないほどこの会社が嫌になったので、契約書や給与明細などはすべて捨てた」という。また、理不尽が横行する職場であったことは認めつつも、自分を説得して納得させるかのように「（厳しい働かされ方は）自分のためでもあった」ということを繰り返し口にした。

資料もない上に、本人は、組合に入り相手と対峙《たいじ》して交渉する踏ん切りもつかず、結局泣き寝入りしてしまった。

彼のような労働者は、自分の身を守るためにどんな知識が必要だったのか。項目別にまとめてみた。

●知っておきたい！ 労働条件をめぐる決まりごと

〔賃金〕判例でも「公共職業安定所の紹介により成立した労働契約の内容は、当事者間において求人票記載の労働条件を明確に変更し、これと異なる合意をする等特段の事情がない限り、求人票記載の労働条件のとおり、定められたものと解すべきである」（「千代田工業事件」1983・10・19大阪地裁決定）とされている。さらに「八洲測量事件」の東京高裁判決（1983・12・19）は、「新規学卒者が少なくとも求人票記載の賃金見込み額の支給が受けられるものと信じて求人に応募することはいうまでもなく…賃金は最も重大な労働条件であり、求人者から低額の確定額を提示されても、新入社員としては、これを受け入れざるを得ないのであるから、求人者はみだりに求人票記載の見込額を著しく下回る額で、賃金を確定すべきでないことは、信義則からみて明らかであるといわなければならない」としている。

また、労働基準法15条では、企業は賃金や労働条件を明らかにしなければならないと定められている。労働条件が明らかにされない場合は、求人広告どおりの賃金を企業側に請求することが可能だ。さらに求人票発出後、急に会社の経営状況がひっ迫したなど緊急性が認められる場合は別として、見込額を下回った理由やその切り下げの幅、事前連絡の有無、時期や方法などによっては、同じく労働基準法

15条に違反し、「信義誠実の原則」に反することになる。これは損害賠償などが認められる可能性がある。

「求人広告」と「雇用契約」とは別だが、採用時に求人広告を前提とした説明がされた場合は、その内容の雇用契約が成立したものとして広告どおりの給料を請求できる。また、求人広告とは異なる労働条件について詳しい説明がなかった場合には、「契約当事者の信義に反して誤解を与えた」として、慰謝料請求が可能だ。虚偽の求人広告は犯罪行為で、経営者は最大で懲役6か月の処罰の対象となる。求人票や求人広告のコピーは必ず保管するべきだ。また、インターネットの求人も、プリントアウトして手元に保管しておく。対策の最大のポイントは「記録と保管」だ。

＊労働基準法15条（労働条件の明示）
＊労働契約法4条1項（労働条件の説明義務）
＊職業安定法65条8号（虚偽の求人広告をした経営者は最大懲役6か月）

〔就業規則〕 就業規則は、労働条件を形成する法的効力のある文書だ。しかし、周知されず死文化しているものは有効とはいえない。労働条件は、口頭の約束や、労使慣行（慣習）からも形成され、労働基準法を下回る契約内容は、基準以上に自動修正される。

さらに、雇用契約は「永久不変」ではなく、常に実態に応じて変更されるべきだ（労働契約法3条2

項)。したがって、勤務の実情と大きく違う不利益な内容であるなど、勤務実態と乖離《かいり》している就業規則の言葉に縛られる必要はないといえるだろう。

＊労働契約法9条・10条(就業規則による労働契約の内容の変更)

＊労働契約法3条(労働契約は労働者と経営者の合意により定まる。暗黙の合意や慣行も含む)

〔休暇〕 労働基準法は、勤続期間に応じた有給休暇の日数を定めている。あくまでこれは最低限の保障だ。仮に個々の従業員から「休暇を取得しません」という書面を集めていたとしても、それは無効だ。なぜなら、労働基準法を下回る労働条件を定める契約(合意、意思表示を含む)は無効であると法律に明記されているからだ。

＊労働基準法39条(有給休暇を与えるのは経営者の義務)

＊労働基準法13条(労働基準法を下回る労働契約・労働条件は無効)

〔無理難題への対処法〕 無理やり書かされた「残業代は請求致しません」などの誓約書も無効だ。実践的には無理難題の押し付けに対し、きっぱりと断るというやり方が一番効果的である。ずるずると許してしまえば、同意があったと見なされ、際限がなくなることもある。

労働法を下回る取り決めは基本的には無効となるが、法的手段に出ない限り無理な要求でもいったん受け入れてしまえば同意があったと扱われ、その後、従前どおりの働き方に戻すように要求したところでそれは聞き入れられない可能性が高い。さらに、こうした毅然《きぜん》とした対応をされないように企業側も断りづらい職場環境をつくろうとする。それを放置していれば、なし崩し的に労働条件は悪化していくだろう。やはり行動することが必要なのだ。

＊労働基準法37条（残業代は、法律が定める義務）
＊労働基準法13条（労働基準法を下回る労働条件の合意は無効）

〔労働条件の明示――口頭か書面か〕労働者が労働条件を明記した書面を求めても、「口頭でも契約は成立するから」と拒否されることもある。確かに労働条件は、口頭での約束だけでも有効となる。だから「月給○円を払う」「勤務時間は○時まで」といった口約束であっても、正式な雇用契約の内容になり得る。

だからといって、「書面に書く必要はない」ということにはならない。経営者は、従業員に「労働条件を明示した書面」を渡す義務があるからだ。後で雇用契約の内容が不明確になったり、経営者に約束を反故《ほご》にさせないためだ。

「口頭だけでも有効に成立するか否か」と「書面を渡す必要があるか否か」は、別の問題であることに気をつける必要がある。

「労働条件の明示義務」は、労働者を採用する際に、周知すべき最低限のものを対象とする。企業は、①労働契約の期間に関すること、②仕事をする場所、③仕事の内容、④仕事を始める時刻・終わる時刻、残業の有無、休憩時間、休日・休暇、⑤賃金の決定、計算と支払い方法、支払い時期、⑥退職に関すること（解雇の理由を含む）などを文書で示さなければならない。これらについては、労働条件通知書や就業規則などで明示されることも多い。

＊労働基準法15条（労働条件を明示する義務）

＊労働基準法施行規則5条3項（書面に書いて明示する義務）

⑬ 不払い賃金・残業代請求のテクニック

●常態化する〝残業代不払い〟

せめて自分が働いた分の賃金ぐらいは支払って欲しいというのは、労働者にとってあたり前のことであり、まっとうな要求だ。しかし、現実はそれすらかなわない状況がある。

例えば、残業代を全額支払われているのは2人に1人という調査結果がある（第32回「勤労者の仕事と暮らしについてのアンケート調査」報告書　連合総研、2016年11月）。

この調査では所定外労働（残業および休日出勤）を行ったとする割合は38・5％であり、その平均所定外労働時間は40・3時間となっている。とくに男性正社員は、53・0％が所定外労働を行い、所定外労働時間の平均は49・4時間に及び、長時間労働が多く見られる。また、男性正社員の6・5％、女性正社員の1・8％が、所定外労働時間「80時間以上」と回答している。

正社員の不払い残業「あり」は、男性で40・2％、女性で42・0％を占め、約4割もの労働者に対して正当な賃金が支払われていないことがわかる。

たとえ労働者が残業代を申告しなくとも、経営者は当然、残業時間の正確な把握に努め、賃金を支払うべきだと私は考える。働いても対価が払われなければ、必然的に労働者のモチベーションと仕事の効率は下がる。いつか業績が上がった時にペイバックされるなどという言葉には、労働者の多くはもはや心が動かなくなっている。

休養が満足にとれなくなれば、労働者は疲弊していく。これは単なる賃金・残業代の不払いだけの問題では終わらない。経営者による労働者の冷遇は、自社の業績悪化という結末から逃れられない。目先の利益に目がくらみ、労務管理を怠れば、過労死や精神疾患など、職場で労働者の命や健康が脅かされる事態が広がるだろう。そうした悲劇が起きて労働者やその遺族らの訴えが生じ、ようやく、〝コスト〟に向き合う経営者を何人も見てきたが、経営者の「事が起きてから動けばいい」という認識では甘いといわざるを得ない。

そもそも賃金・残業代の不払いは立派な「犯罪」である。私は、労働者のなかにもこうした認識を浸透させる必要があると、日々の労働相談から感じている。

●このままでは息子が殺される…

「このままでは息子が殺されます」という電話が入った。物流関係の会社に勤める労働者の母親からの労働相談だった。時折、電話越しに父親と思われる男性の声も聞こえる。息子の状況をかなり心配している様子がそこからもうかがえる。

早朝、車で出勤して深夜に帰宅。帰宅途中のコンビニの駐車場で力尽きて朝まで寝入ってしまうこともあるそうで、両親と同居している自宅には寝に帰るだけといった状況であった。休日はベッドから起きられず、食欲や生気も失い味覚障害もあるとのこと。残業代は1円も出ない。休日も月に1、2日程度という。

ご両親は、はじめはやっと正社員として就職できたからと、頑張って就労し続けるよう励ましていたが、見るみる様子がおかしくなっていく息子を心配していた。「もう辞めなさい」といっても息子は聞く耳を持たないため、困っているとのこと。

残念ながら当人の意思を無視して仕事を辞めさせることはできないが、見守る家族としてできることをいくつかアドバイスした。ここでは残業代請求の問題に絞って紹介する。

●家族にできること

当事者がすぐに行動しようと決意できなくとも、まわりの人間が何か起きたときのために防衛的に備えることは可能だ。

まず、最大の防衛策は「記録と保管」である。特に労働時間の記録は必須だ。タイムカードの写真を本人にとっておくよう促す。あるいは労働時間を本人から聞き取って代わりにメモする。また「仕事に行ってくるね」「これから帰るよ」といったメールやLINEのやり取りの印字。通勤・帰宅時の買い物レシート（日時を特定）や、経営者や上司・同僚などとの業務メールのやり取りの保存（スマートフォンであればスクリーンショットで保存)。交通系ＩＣカードの印字(切符の券売機→履歴印字→直近の利用分最大50件が印字可能)。

これらを根拠に労働時間を割り出し、残業代を請求することが可能だ。業務上の成果物や、業務内容について綴《つづ》った本人のメモなども「証拠」となる場合があることは意外に知られていない。

こうした記録は本人が管理できなくともまわりにいる家族や恋人・友人などが保存しておくことができるだろう。身近な人が長時間過密労働に追われる様子を見ていて穏やかではいられないだろうが、そういう時こそ冷静になることが必要だ。客観的な立場からこまめに記録をとり、労働時間の証拠を積み上げると同時に、それらの客観的な事実を示すことで、感情的なやりとりではなく、当人と冷静に話し合うこともできるだろう。

最終的には、自らの労働条件向上や権利侵害に対して、当事者自身が声を挙げなければならない。しかし、このように家族らでも当事者のためにできることはいくつかある。

●退職後の請求方法あれこれ

不当に奪われたものを取り戻すのは当然の権利だ。声を挙げて気まずくなったり、仕返しがこわいというのなら、仕事を辞める時に声を挙げるのも方法の1つだ。労働相談のケースでは、退職前提となる交渉が多い。

賃金・残業代の請求権の時効は2年（労働基準法115条）だ。就労期間が2年未満であればこうした請求でいいが、それ以上働いていた場合は損害賠償請求を行う。違法行為に対する「損害賠償請求」であれば、請求権の時効は3年（民法724条）となるからだ。さらに、賃金・残業代の未払いが「意図的・悪質である」といえれば、利息及び慰謝料・損害賠償を主張できる。

なお、退職時に不払いだった賃金・残業代には14・6％の遅延利息をつけて請求できる（賃金確保法6条）。違法とわかってやっているような悪質な不払いは、裁判によってさらに残業代と同額の「付加金」の請求も可能だ（労働基準法114条）。

また、裁判ではなく労働組合による団体交渉によって請求する際は、パワハラなどほかの違法行為とあわせて賃金・残業代の不払いを追及することで、時効にとらわれずに請求することができる。労働組合は法律をこえた請求が可能なのだ。

14 ブラックバイトの卑劣な手口は労働組合でブロック

●バイトのたびに損をするという高校生

大型ショッピングモールのテナントの1つとして営業している和食チェーン店で、アルバイトとして働いていた高校生から相談があった。

彼は、「バイトのたびに損をしている」という。1つは、ユニフォームの着替えや仕事の準備、片付けの時間などに賃金がつかないということだった。

アルバイトに入るためには、まずショッピングモールの通行口、セキュリティーゲートをくぐらなければならない。ゲートをくぐり、3階にあるショッピングモールの従業員用のロッカールームに上がり、バイト先の和食チェーン店のユニフォームに着替える。その後、1階まで降りて店舗まで歩き、店舗に到着してはじめてタイムカードを切る。この間、約8分かかる。

出勤・退勤の際には店舗への直行、店舗からの直帰は許されていないので、シフトイン・シフトアウトでおおよそ8分ずつ、計16分ほどが無給となる。さらに、この店舗では15分単位で端数は切り捨てという賃金算定をされていたため、さらに無給分が増える。アルバイトにとってはシフトに入るたびに損をしているといった感覚になるのは当然だろう。

ほかにも、研修期間中の賃金不払いや、年少者を使用する際に義務付けられている年齢証明書（住民票記載事項の証明など）を事業所に備え付けていなかったり、また、業務で必要とされる会社指定の靴代が初月のバイト代から強制天引きされるなどの問題もあったため、要求をまとめて団体交渉の申し入れを行った。

●ブラックバイトの問題点をまとめ、厚生労働省に質問・要望書を提出

２０１５年８月31日、首都圏青年ユニオンと首都圏高校生ユニオン（⑪参照）で、厚生労働省労働基準局宛てに「高校生における『ブラックバイト』に関する質問および要望書」と題する文書を提出し、翌９月１日に厚生労働省より回答を得た。右に紹介した和食チェーン店の実態も踏まえたものであったので、一部抜粋して紹介する。

質問の１つは、「労働時間は原則１分単位で算出しなければならないとされ、例外として１か月の残業時間を集計した際に、１時間未満の端数があれば30分未満の端数は切り捨て、それ以上を１時間に切り上げるという運用が厚生労働省の通達で認められている。しかしブラックバイトにおいては、労働時間が１分単位での賃金算出ではなく、10分単位や15分単位、30分単位で算出され、それ未満は切り捨てられている場合が多い。違法ではないか？」というものだ。

厚生労働省の回答では、「原則として、分単位で労働時間を切り捨てることは、賃金や割増賃金の不

払いを生じさせ、労働基準法に違反することとなります。同法に違反する実態が認められた場合には、労働基準監督署において、その是正を厳しく指導しておるところです」とあった。

質問・意見書にはほかにも、「ブラックバイトにおいては、新人研修の際の賃金が支払われない、あるいは、試用期間中に最低賃金を下回る実態などがある。違法ではないか？　禁止すべく通達を出して欲しい」「ブラックバイトにおいては、業務に必要な靴や制服などを自費で買わされる場合がある。違法ではないか？　また、その代金が給料から天引きされている場合もある。違法ではないか？　共に禁止すべく通達を出して欲しい」といった問題も記載した。

回答には「実態として、働く方が使用者の指揮命令下に置かれている場合、その時間は、通達でお示しするまでもなく、労働基準法における労働時間となります。この場合、労働基準監督署において、①必要な賃金を支払っていないこと、②減額特例の許可を受けることなく最低賃金未満の賃金を支払っていること、③禁止されている深夜労働を行わせていることを確認したときには、これらの法令違反について、是正を厳しく指導することとなります」、さらに「一般的に、一定の費用等を労働者負担とすることが、直ちに労働基準法に抵触するわけではありませんが、その費用等について賃金から控除する場合には、労働基準法第24条の規定に従う必要があります。なお、双方に違反する実態が認められた場合には、労働基準監督署において、その是正を厳しく指導しているところです」とあった。

かつてなかったような見解が厚生労働省から示されたわけではない。法律に沿った〝あたり前〟の見解が示されたわけだ。

ただ、質問・意見書に載せた事例は高校生などが働くアルバイトの現場ではあたり前のように横行しており、古くて新しい問題ともいえる。先のショッピングモール内での着替えや移動時間などは特徴的な事例だろう。

また、厚生労働省の回答では細かく触れられなかったが、制服代などを労働者に負担させるためには、就業規則に定めをしておくか、労働契約の締結時に作業用品などの負担をさせるといった明示義務がある。

賃金からその費用を天引きするのであれば、労使協定が締結されているか、個別の労働者の同意がなければ天引きはできない（労働基準法24条）。しかし、フランチャイズ店やチェーン店においては、本部でのマニュアルや協定、運用などがそのまま流用されていることが多いため、労働者との合意があったとはいえない実態も散見できる。

こうした問題は特に関心を払われずに放置されているし、当事者自身も問題に気がついていないことが多い。

●1人の相談から全従業員への違法行為一掃を勝ち取った。そして…

和食チェーン店で働いていた高校生の問題は、こちらが指摘したいくつかの問題を全面的に認めさせ、団体交渉によって解決することができた。

特に15分単位で端数は切り捨てという賃金算定、ユニフォームの着替えや移動の時間については、全社的に改善をさせることができた。たった１人の高校生のアルバイトの問題であっても、労働組合が介入したことによって、この企業では全国３００店舗以上、４０００人の従業員に対する違法行為を一掃することができたのだ。

先に紹介した厚生労働省に対する質問・意見書には、国として高校生のブラックバイト被害調査を行い、その深刻な実態を把握すべきだという要望も盛り込んだ。これは２０１６年5月に「高校生に対するアルバイトに関する意識等調査」として実施された。

この調査によれば60％の高校生が、労働条件通知書等を交付されていないと回答。労働条件について、口頭でも具体的な説明を受けた記憶がない者が18％。32・6％の高校生が、労働条件等で何らかのトラブルがあったと回答した。

トラブルの中では、シフトに関するものが最も多いが、賃金の不払いや、満18歳未満に禁止されている深夜業や休日労働に従事させられたなどといった問題も見られた。

高校生の働かされ方が、このように国による初めての調査によって裏付けられたことは大きな意味があると考える。

⑮ 労働者の個人情報漏えい問題

●マイナンバーが企業に強いる負担

２０１５年の10月から、住民票を有する全ての人に、１人１つのマイナンバー（社会保障・税番号）が通知されている。マイナンバー制度には「行政の効率化」、「国民の利便性の向上」、「公平・公正な社会の実現」という〝メリット〟があることを政府は謳《うた》っているが本当にそうだろうか。

特に非正規労働者自身や非正規労働者を多く雇用する企業にとっては、この制度を歓迎できるだろうか。

マイナンバーの利用は開始されたが、多くの国民はその仕組みを詳しく知っている状況ではない。マイナンバーを扱う事業主が「個人番号関係事務実施者」にされて、アルバイトを含む全ての従業員とその扶養家族の個人番号の取得・提供・保管・廃棄が義務付けられるため、マイナンバーを保有する民間の事業者に大きな負担を強いている。企業はもちろん、地方自治体からも、新たな出費や業務負担の増大などに悲鳴が上がった。

例えば、個人番号を扱う担当者を決め、番号を書いた書類は金庫に保管する。番号情報がパソコンから流出しないようにセキュリティー対策を立て、安全に管理するための基本方針と規定をつくる。こうした対応が必要となるわけで、当然お金も、時間もかかる。

政府は「中小企業に一定の負担になると認識している。ご理解いただきたい」と釈明しているが、具体的には従業員100人の企業でマイナンバー対応の初期費用が1000万円、維持経費に毎年400万円と試算されている。

●マイナンバーを提供しなければ解雇…

労働者にとってマイナンバー提出は強制や義務ではなくても、企業にとっては税や社会保障関係書類へのマイナンバー記載は義務である。ここに問題が生じる余地が生まれる。いずれにせよ、マイナンバー制度に便乗して、法に定められた範囲を超えて個人情報を収集しようとする企業には警戒が必要だ。

実際に、従業員の扶養家族ではない家族の個人番号まで範囲を広げて収集しようとする企業があるとか、収集に協力しなければ正社員として雇用しないと〝脅し〟をかけられたとか、「マイナンバーを持ってこないとバイトの面接はできない」といわれた、といった労働相談もいくつか寄せられている。

例えば、英会話学校チェーンの大手企業は、「個人情報の取り扱いに関する重要事項」と題した書面を従業員に配布した。

書面は、社会保障関連の手続きや健康管理を目的に、マイナンバーや病歴などの個人情報の提供を求めるもので、末尾には「貴殿及びご家族に関する個人情報の当社への提供は任意です。ただし、提供を拒否される場合は、当社は貴殿を雇用できません。」とあった。

この企業で英語講師として働く契約社員から寄せられた相談をきっかけにして、私はその書面を入手し、インターネット上に掲載した。

書面はすでに従業員約1800人に配布されたそうだが、私がこの内容を公開したことで、この企業に非難が集まった。企業は事態を収拾するため「個人番号を提出しないから雇用しないということは、これまでも今後もありません」「マイナンバー対応の一環だったが、誤解を与える内容には問題があった。実際には提供を拒否しても解雇はない」（総務部長）といった説明をし、回収済みの文書と情報をいったんすべて破棄したという。

労働者のマイナンバーの提供は任意である。だからといって、こうした情報提供に応じないということが現実的に可能なのだろうか。企業から〝要請〟があれば、はっきり断ることができる労働者は果たしてどれほど存在するだろうか。提供を拒めば、職場で浮いてしまったり、有期雇用の従業員であれば別の理由を持ち出されて雇い止めや解雇される可能性もある。

雇い止めや内定取り消しをほのめかす脅迫まがいの行為を行う企業に対しては労働組合などに相談して解決していく道筋もあるが、立場が弱い雇用形態であればあるほど実際には声を挙げづらいという問題も残る。こうした不利益に対して実践的にはどのように立ち向かえばよいのか、私も悩んでいるのが現状である。

●ストレスチェックの結果が労働者に不利益に使われる？

２０１４年6月19日、「ストレスチェック」を義務付けることを定めた「労働安全衛生法の一部を改正する法案」が国会で可決・成立した。ストレスチェック制度とは、従業員50人以上の企業が対象で、年に1回、医師または保健師などが、従業員が記入した「ひどく疲れた」「不安だ」「ゆううつだ」などのストレスを評価できる質問票をチェックすることを義務付けるものだ。非正規労働者も1年以上働いている場合などには対象となる。

ストレスチェック制度は、従業員が自身のストレスの状況を把握することによって、セルフケアにつなげるよう、また企業側も職場環境改善につなげ、従業員の精神的な不調を防止することを目的とし、２０１５年12月1日からはじまっている。

具体的には、企業が従業員のストレスを早期に発見することで突発的な休業者が出るのを防いだり、近年問題視されている、労働環境が原因のうつ病や過労死、自殺などを防ぐという。

従業員にとっては、自らのストレスに気づくことができることや、なかなか自分からはいい出しにくい労働環境の改善も、医師を通して企業側に伝えられるなどの〝メリット〟があるといわれている。その結果は、医師や保健師などから従業員のみに通知され、従業員は希望すれば医師による面談指導を受けられるとされるが、疑念は拭えない。ストレスチェックの結果が従業員にとって不利益に使われる心配があるからだ。

面談指導の後、医師が職場環境や労働環境の改善が必要と判断すれば、その旨が企業に伝わり、企業は、従業員の業務量を減らしたり、配置を変えたり、労働時間を短くしたりなど、適切な就業上の措置をする必要がある。この際、うつ病を患っていたり、兆候があったりする労働者が結果的にあぶり出され、それを理由に望まない配置転換や降格など、企業から不利益な扱いを受ける場合も出てくるだろう。

また、こうした手法でストレスチェック制度を悪用せよといったアドバイスをしている社会保険労務士も存在する。「全国社会保険労務士会連合会」は２０１５年12月25日に「『社会保険労務士による不適切な情報発信』に関する会長声明」と題する異例の声明を発している。

もっとも、非正規労働者らにとっては日常生活や将来への不安が尽きない働き方そのものがストレスであるのだが。

16 「労働時間」の始めと終わり

●作業服の着替えの時間をめぐる判決

労働者は、基本的に使用者の指揮命令下にある時間帯は、たとえ待機時間であってもすべて労働時間とみなされ、朝礼や準備・片付け・着替えのように〝実労働〟ではないものも含まれる。しかし、仕事の準備や片づけ、引き継ぎなどの時間、制服・ユニフォームに着替える時間に時給が発生しない職場はいまだに多い。

三菱重工長崎造船所事件（最高裁2000年3月9日判決）では、作業服への着替えの時間や保護具装着などの時間を始業時間より前にするようにと会社の指示があり、その時間が労働時間といえるかどうかが争われていた。当然、就業時刻後の脱離についても「労働時間」といえるかが問われた。

これについての判決では「労働者が、就業を命じられた業務の準備行為等を事業所内において行うことを使用者から義務付けられ、又はこれを余儀なくされたときは、当該行為を所定労働時間外において行うものとされている場合であっても、当該行為は、特段の事情のない限り、使用者の指揮命令下に置かれたものと評価することができ、当該行為に要した時間は、それが社会通念上必要と認められるものである限り、労働基準法上の労働時間に該当すると解される。」と判示され、割増賃金の請求が一部認められた。つまり、着替えなどの準備行為のための時間は、使用者が準備行為を労働者に義務づけているような場合、それは労働時間であると認めているわけだ。

●点呼に要する時間をめぐる判決

ほかにも準備行為等が労働時間として認められたケースとしては、「東急電鉄事件」（東京地判2002年2月28日労判824号5ページ）がある。東急電鉄の駅員2人が、始業前と終業後に行っている点呼や制服の着用・離脱時間などが労働時間にあたるとして割増賃金の支払いを求めた事件で、東京地裁は原告の主張を一部認め、未払い賃金の支払いを命じた。

会社は「点呼は労使の信義則に基づき駅員の協力で実施している」と主張したものの、判決は「点呼は体調や勤務の心構えを上司が確認するもの」であり、「使用者により強制されていたと認められる」として、始業前の1分間、終業後の20秒間について労働時間と認定している。一方、原告が「業務上の連絡などが行われている」などとして労働時間として認定するよう求めていた朝の点呼の前の四分間については、「全員が集合して実施されるよう求められているとは認められない」として労働時間にはあたらないとの判断となった。

●銀行での金庫開閉作業時間をめぐる判決

「京都銀行事件」（大阪高判2001年6月28日労判811号5ページ）では、始業前の金庫開扉作業時間が争われた。始業時刻前にほぼすべての男性行員が出勤し、終業時刻後も大多数が金庫開閉作業を残業として行うことが常態となっている場合に、これらの作業に要する時間が使用者の黙示の指示による労働時間と認められ、時間外割増賃金の支払いが命じられた。

判決によれば、「従業員らの勤務実態等からみて、始業時刻前及び終業時刻後に行った労働は、銀行の黙示の指示による労働時間と評価でき、時間外勤務であると認めるのが相当であり、従業員が始業時刻前及び終業時刻後に勤務に従事していたと推認することができる時間について時間外勤務を認めることができる」というところがポイントとなる。

●そして実情は…

これらの判決を見ても、「業務上必要不可欠な更衣」や、「事実上参加が義務付けられている」「労働者が使用者の指揮命令下に置かれている」といった実態であれば、それは労働時間と認められている。⑭で紹介した厚生労働省労働基準局による回答でも明言されている。しかし現状では、仕事の準備や片づけ、引き継ぎなどの時間、制服やユニフォームに着替える時間には時給をつけていないケースが多い。

大手ファストフード店では、店長の労務管理マニュアルに「打刻を確実に‼」「【打刻のルール】仕事に入る時…着替えてから打刻／帰る時…打刻してから着替え」「打刻＝お給料です！　自分のお給料（打刻）は、確実に自分で管理しましょう。」などの文字が並ぶ。労働時間であるのに、賃金を払わないことを堂々と宣言しているわけだからその無邪気さに呆れかえる。さらには「タイムカード（ＰＣ勤怠システム）は15分単位です」とあったが、これは労働時間は15分単位で計算し端数は切り捨てるという意味だ。これも問題である（⑭参照）。

このマニュアルは、この企業で働いていた社員から私に持ち込まれて明らかになった。当然、団体交渉では会社側に問題を認めさせて、全社的にこのマニュアルは破棄させ、法令どおりに正させた。ユニオンに加入して交渉したのは一人の社員だったが、全国約１７０店舗（従業員数８００名～９００名）に直接に関わる問題が一掃された。

私が相談にのったケースだと「出勤時：作業のできる体制を整えた後で、押してください」「退勤時：カードを押した後で着替えてください」という貼り紙がタイムカードを打刻する器械の周辺に、貼り出されていた。さらにはこの貼り紙には「必ず守ってください」という一文も強調されていた。

ほかにも大手外食チェーン店では、新人アルバイトに対する研修で、次のようなテストをさせていた。このテストは「入店順序」と題されたもので「Ａ：挨拶」「Ｂ：月間重点目標唱和」「Ｃ：連絡ノート確認」「Ｄ：経営理念唱和（元気よく）」「Ｅ：接客用語唱和（元気よくハキハキと）」「Ｆ：出勤打刻をする」「G：着替え」の中から選んで、出勤してからの作業工程を示せというものだった。会社としての正解は「A→G→C→D→E→B→F」であるという。最後にタイムカード打刻が正解だということだ。これも、使用者が労働者に業務の準備行為を命じているのだから、労働時間にあたることは、先の例からも明らかだ。

現在、アルバイト経験がある大学生の6割が、「賃金がきちんと支払われない」「合意した以外に勤務させられた」といったトラブルを経験したことが、厚生労働省による「大学生等に対するアルバイトに関する意識等調査」（2015年11月）で明らかになった。これほどの数の大学生がトラブルを経験したことがあるというのは異常事態といえるだろう。あたり前のことが、あたり前に行われていないことを正していく取り組みが必要であるし、法を無視するどころか、これを正当であるかのように装う手口については厳しく断罪されなければならない。

17 生理休暇

●生理休暇は日本生まれ

日本の生理休暇制度は1947年に成立し、成立当時はアメリカなどの欧米にもまったく例のない日本オリジナルの制度であった。

世界で、なぜ日本が「先進的」に生理休暇を法的に認めたかについては、戦中期、労働と出産という二重の役割を果たさせるために女性を保護した背景がある。国にとって女性は「国民を産む性」であると同時に、男子の労働力不足を補う存在だった。工場では「管理」と同時に、「母性保護」と称して生理休暇という「保護」を行ったのである（田口亜紗『生理休暇の誕生』青弓社ライブラリーより）。さらに戦後、GHQが日本の民主化を急ぐために妥協し、労働闘争などで要求されていた生理休暇を制定させた。

なお、日本に続き、韓国・台湾・インドネシアなど一部のアジアの国が生理休暇を法制化している。

●「生理で休んでごめんなさい」と全員に謝罪させられた

生理休暇制度は1947年の成立当初から現代にいたるまで、「過保護だ」「世界に例がない」「男女平等の原則に反する」などの批判にさらされてきた。そればかりか、取得する当事者である女性労働者にとっても、「自身の労働評価が低くなる」「上司や同僚からひやかされる」といった理由から、現実的には取得しづらいものだ。

都内のジャズバーでアルバイトとして働いていた大学生は、生理痛がつらくてシフトが入っていた前日に店長に連絡を取り、休みをとったという。ところが休みの翌日に出勤すると、店長から呼び出され、職場の一人ひとりに「生理で休んでごめんなさい」と謝罪することを強要されたという。「生理がしんどくて動けません、明日は休みます」ということは事前に伝え、店長本人から了承を得ていたはずだが、店長は「職場に迷惑をかけたことには変わりがない」と主張していたそうだ。

この大学生は労働相談のなかで、「こんなことをされれば、今後は何があろうが二度と休めないと思ったし、深く傷つきました」と私に話した。

●生理休暇は毅然と申告を

労働基準法第68条には「生理日の就業が著しく困難な女性に対する措置」として、生理休暇をはっきりと認めた規定が存在する。ここでは生理によって仕事をすることが困難なほど体調が悪化している女性労働者が生理休暇を申請した場合は、その申し出を却下することを禁じている。ここでいう労働者とは全ての雇用形態を含んでいるので、アルバイトなどの非正規労働者だからといって生理休暇がとれないということはない。生理休暇は申告制ではあるが、全ての労働者に取得が可能なわけだ。

労働基準法では、就業規則などで生理休暇の日数を、例えば「月に1日まで」などと制限したり、休暇を取得したことによってペナルティを与えることを禁じている。逆に、1日単位で与えなければならないという規定はないため、仮に労働者が「生理で体調が悪いので午前中だけ休ませて欲しい」という申請をした場合には、半日だけ（場合によっては時間単位でも）生理休暇を与えることも可能だ。

また、労働基準法では生理休暇中の賃金の支払いに対して特別な制限を定めていない。そのため、生理休暇中の労働者に対して賃金を支払うかどうかについては、それぞれの企業によって分かれるが、有給の生理休暇を定めている企業も存在する。ちなみに公務員は有給休暇である。

労働者は生理休暇を取得する際に本人が口頭で申し出ればよく、診断書の提出などの法的義務はない。このため、会社がそれらの手続きを求めることも労働基準法違反と判断される可能性が高い。

申告が原則であるということは、「申請されなければ与えなくても違法にはならない」ということでもある。ここが気をつけなければいけないポイントで、例えば有給休暇のように年間、あるいは月間で何日与えなければならない、という性質のものではないということをよく理解しておく必要がある。「ウチの職場では取得させてくれないから」「取得しづらいから」生理休暇をとれなかったということを、いわば後出し的に主張しても、法的には毅然と「申告」をしたのかどうかが問われるのだ。現実には一人では「申告」しづらいだろう。その際は、労働組合を頼ることで取得しやすい環境をつくることができる。

先に紹介した大学生は、オーナーや店長とのやり取りの一部始終をスマートフォンで録音していた。彼女はユニオンに加入して団体交渉に臨んだが、この録音があったことで、ハラスメント行為などを否定する経営者らの主張をひっくり返すことができた。

18 最低賃金の大幅引き上げを！

●貧困対策の決定打は賃金UP！

日本では格差や貧困の話題があっても、貧困対策は貧困状態にある人にいかに福祉的なアプローチで解決するのかといった話ばかりが先行し、そこで労働者の賃金について語られることは極めて少ない。これではいつまでたっても貧困はなくならないだろう。

労働者の4人に1人（国税庁2014年調査民間給与実態統計調査）が貧困状態にあるなかで、貧困をなくすためにもっとも効果的なのは、低賃金状態におかれた労働者、特に2000万人を超える非正規労働者の賃金を大幅に引き上げ、横行している差別的な待遇を淘汰《とうた》していく取り組みだ。

●人手不足なのに賃金が上がらない

私が呼びかけ人となっている「NO　MORE　賃金泥棒」プロジェクトは、2015年6月13日に記者会見を開き、全国実態調査アンケートの中間報告を紹介した。

このアンケート（複数回答可）では「働き方や生活の不満、不安、おかしいと感じていること」を尋ねているが、最も多かったのが「人手が足りない」（49・1％）。次いで「賃金が安い」（42・8％）と、この2つが突出していた。三番目に多かった「休みが少ない・有給が取れない」（27・3％）以下を大きく突き放している状況だ。これはいくつかの労働組合のアンケートなどを見ても、同じような結果が出ている。本来、人手が足りなければ賃金を高くしてでも人を集めようとするはずだが、そうなっていないわけだ。これは日本の労働市場、特に若者たちが働かされている現場が歪《ゆが》んだ、矛盾した状態におかれていることを示しているのではないか。

また、「賃金の節約」などを理由とし、労働者の4割が非正規雇用に置き換えられている状況があるが（厚生労働省「2014年就業形態の多様化に関する総合実態調査」）、求人を出しても非正規労働者が集まらない、採用しても長続きしないといった「人手不足」問題もある。日本フードサービス協会は「人手不足が業界に深刻な影響を及ぼし、この先も大きな好転はみられないと観測」しているが（同協会ホームページより）、これは小売り、外食産業や、もともと離職率が高く、いわゆる「ブラック企業」が多い業界で顕著に見られる問題である。人手不足問題は、労働環境を改善し、賃上げを行うことをとあわせて、人を増やしていかなければ、問題解決にはつながらないだろう。

●新人がベテランより時給が高い「逆転現象」が…

先のアンケートでは「賃金が低い」という声が多いことは紹介したとおりであるが、これらの職場では、しばしば同時に「人手不足」問題や、新人のほうがベテランより時給が高く設定されるという「逆転現象」が起こっている。実際、「アルバイト募集の求人時給のほうが、いままで働いてきた私たちバイト・パートの賃金よりも高くなっている」といった労働相談がいくつも寄せられている。

例えば都内の仕出し弁当の工場でアルバイトとして勤務する男性（34歳）の時給は、東京都の最低賃金、時給907円（当時）に張り付く908円だという。しかし、インターネットの求人サイトに掲げている新人募集の時給は950円となっていて、「逆転」している。

この職場は離職率が高く1か月以上残る労働者がまれだというが、彼は約10年近く貢献してきた。彼は業務中に上司から不条理な因縁をつけられ平手打ちされたことをきっかけに労働組合に加入して団体交渉を行い、社会保険や雇用保険の未加入は改善され、パワハラの防止セミナーも開催されるようになった。ほかにも残業代の未払いや、15分単位で算出され端数が切り捨てられていた賃金も1分単位での支払い算出に切り換えさせ（⑭を参照）、さらには着替えや片づけの時間の未払い請求、業務上必要となる長靴・マスク・作業服代などの請求を求めて団体交渉を行った。団体交渉の申し入れ後に時給は30円ほど上がったが、賃金の「逆転現象」はまだ解消されていない。

また、3年前から新宿歌舞伎町のドイツビアホールのアルバイトをしていた大学院生（24歳）は、勤務時間は15分ごとに算出、端数切捨てで、仕事の際にドイツの民族衣装「ディアンドル」に着替える必要があり、シフト前後の着脱に計20分ほどかかっていたが、業務時間には含まれていなかった。

業務終了後にはビールの知識を付けるために1時間～2時間に及ぶ講習会が行われていた。業務連絡ノートには、「（講習会には）マストで参加してください！」と書かれ実質的に参加は義務化していたが、賃金が払われることはなかった。団体交渉を申し入れたことで、着替えの時間も講習会も業務時間に含まれるようになり、全社的に1分単位で賃金計算がされるように改善がされた。

その大学院生も時給1000円で働いているときに新人バイトが時給1100円で募集をかけられていた。団交申し入れ後は、既存のバイトも新人募集の求人に連動して時給が1100円になったものの、新人でこれから教育すべき人が既存の労働者と同じ時給というのもおかしな話である。

このように、単に賃金が低いというだけではなく、賃金の「逆転現象」が生じる職場では、付随してあらゆる未払いや違法行為が存在するという特徴があることがわかるだろう。

●最低賃金の引き上げが急務

最低賃金は都道府県別で金額差がつけられている。そのため、地方では賃金が高い都市部での就労を求めて若者が地元を離れてしまう現象も見られ、労働力不足が深刻化している。最低賃金額の差は実際の賃金の格差となり、地域の労働力と消費購買力を縮小させ、地域社会の活力を失わせる。優秀な労働力は賃金が高い都市部に流出し、地方はますます衰退していく。

日本の貧困率は15・6％にまで達しており、貧困と格差の拡大は女性や若者に限らず、全世代で深刻化している。2015年の総人口に15・6％をかけると、1982万人になり、これだけの大量の人たちが貧困状態におかれている。

働いているにもかかわらず貧困状態にある者の多数は、最低賃金周辺での労働を余儀なくされており、最低賃金の低さが貧困状態からの脱出を阻む大きな要因となっている。

同時に、低賃金で貧困状態にあるから長時間労働や仕事の掛け持ちをせざるを得ない労働者の存在がある。

生計費に遠く及ばない今の地域別最低賃金を、法の趣旨を満たす水準まで引き上げることは、急務の課題だ。

19 退職の自由

●退職を阻むため、損害賠償請求で脅された

まつ毛を長く濃く見せられる、メイク時間を短縮できる、洗顔をしてもとれないとして若い女性を中心に広がっているのが、「まつ毛エクステンション」だ。まつ毛エクステンションの施術を行うことができるのは、美容師免許を持つ者に限られるが、この施術をする者は「まつげエクステ技術者」や「アイリスト」、「アイデザイナー」などと呼ばれる。

先日、「会社から20万円の損害賠償請求をされて困っている」と、美容サロンで働くアイリストの女性から労働相談が入った。

雇用契約書は存在せず、雇用形態も曖昧なものだったが、1か月間の試用（講習）期間を経て、彼女は本採用となった。

試用期間前には「誓約書」なるものを書かされていた。そこには「貴店にご迷惑、損害をかけました節には、その責めに任じますことを誓約いたします。」「講習（試用期間中）にて得た、技術、知識等を講習終了後もこれを他に漏えいしません。講習終了後1年間は、得た知識、技術をもって、貴社にて就労し、貢献します。また、講習終了後、その得た知識、技術をもって、同業他社にて就労することはい

たしません。」「上記に違反しましたときには、講習会費用としまして講習1日につき8000円の講習費をお支払いたします。」などの文言が並び、最後には保証人の氏名と勤め先、住所の記入欄もあった。

彼女は本採用となったものの、あまりに事前に聞いていた労働条件や就労環境と異なっていたため、2日目で退職する旨を上司に伝えたそうだ。しかし、会社は先の「誓約書」に基づいて、彼女に対して「辞めるなら損害賠償するよ」などと脅したり、「頭金10万円を至急下記口座に振り込みをお願いします。」「明日までに入金がなかった場合は、社長がご自宅、ご実家に伺います。」といったメールも送信していた。

●人身拘束を防ぐ労働基準法16条違反か否か

労働基準法16条は、「使用者は、労働契約の不履行について違約金を定め、又は損害賠償を予定する契約をしてはならない。」と定めている。

戦前、労働者を拘束する目的で、退職時に違約金を支払わせるといった約定が行われていたため、戦後、人身拘束につながることから労働基準法はこれを禁止したのだ。同条に違反する違約金約定は当然、無効となるし、このような契約をすれば使用者は処罰の対象となる（労働基準法119条1号）。研修（講習）費用の返還約定については、この条項に違反するかが問題となる。

美容院で、従業員が会社の意向に反して退職した場合に、会社が行った美容指導の講習手数料として、

1か月4万円を採用時に遡って支払うといった約定について、退職の自由を不当に制限するもので労働基準法16条に違反するとされた事例がある（サロン・ド・リリー事件／浦和地裁1986年5月30日判決）。

退職時に使用者から研修費用などの返還請求を受けた場合、研修の性格などから、この労働基準法違反に該当しないかどうか検討することとなる。仮に使用者による返還請求が可能とされる場合においても、返還方法については分割払いなどの現実性のあるものとするように交渉する余地はあるだろう。

●「退職の自由」について

同時に、たとえ請求が成立するとしても、退職すること自体を阻むことはできない。今回のケースでは、退職自体を不当に阻む目的で損害賠償請求をかけているので、そこが問題となる。

憲法22条は「職業選択の自由」を定めている。その1項には、「何人も、公共の福祉に反しない限り、居住、移転及び職業選択の自由を有する。」とある。つまり、どのような職業を選び、どこの企業に就職するかは自らの意思で決めることであり、誰からも干渉や妨害を受けない自由が保障されている。当然、退職する自由がなければ別の職業を選択することはできないから、労働者は基本的にいつでも自由に退職できる。

民法第627条1項は、「当事者が雇用の期間を定めなかったときは、各当事者は、いつでも解約の申入れをすることができる。」としている。

労働者には「退職の自由」が保障され、労働者が会社に対して退職を通知すれば自動的に労働契約は解消される。ただし、民法第627条1項の規定では、雇用契約の終了時期については、その「解約の申入れの日から2週間を経過することによって終了する。」としている。つまり、退職の申し出はいつでもできるが、実際に契約が終了するのはそれから2週間経過した後ということである。

一方、契約期間を決めている場合、つまり有期雇用の場合は、労働者が辞める場合には「やむを得ない事由」が必要だと民法628条で規定されている。ただし労働基準法137条では、「期間の定めのある労働契約を締結した労働者は…民法第628条の規定にかかわらず、当該労働契約の期間の初日から1年を経過した日以後においては、その使用者に申し出ることにより、いつでも退職することができる。」とある。

ここで問題となるのは、労働者が有期雇用で、1年を経過せず、「やむを得ない事由」が存在しない場合だが、それでも辞めること自体は可能であり、あとは損害賠償の問題になるに過ぎない。この場合でもいきなり無断で欠勤したり、突然、今日、明日中に辞めるというような場合であれば別だが、事前に退職を伝え、可能な限りの仁義を尽くして辞める限り、使用者に損害が生じることはまれだろう。

また、労働基準法15条2項では「明示された労働条件が事実と相違する場合においては、労働者は、即時に労働契約を解除することができる。」としている。つまり就労先がいわゆるブラック企業の場合は、この条文を使って契約自体を直ちに解除し終了させることが可能だと考えられる。相談のケースはこの点を強調して経営者とやり取りし、「誓約書」による損害賠償請求は撤回させ、退職に合意させることができた。

●業界で不利な情報をまわされるのが心配なら…

一方、「法的には問題がないとしても業界に不利益となる情報をまわされ、この世界で生きていくことができないのではないか」と心配する労働者も多い。実際、先のアイリストはその点も心配していた。費用対効果から考え、わざわざそのようなことまでするケースは少ないだろうし、そこまでその経営者が業界に影響力を持っていることはまれだと考えられるが、心配であれば労働組合に加入して交渉し、話をまとめる最後に、再就職などを阻まない、誹謗中傷を行わないなどの一文を入れた「協定書」を結べばよい。

労働力確保のためか、一定の職能が必要とされ、離職率が高い業種ほど、こうした「誓約書」に頼る節がある。しかし、企業の側が優秀な従業員を囲い込みたいと願うのであれば、労働者が離れがたい労働条件を提示すればいいだけの話であり、こうした「誓約書」で労働者を脅し縛りつけることは問題外である。

20 企業の労組対策にひるむな

●労働問題解決には労組がベスト

２０００年に入ってから、どんな働き方でも加入することができる個人加盟労働組合（ユニオン）が全国的に増加した。これは非正規雇用が政策的に増やされ続けるなかで、労働環境の悪化や既存の労働組合が手をこまねいて対応が追い付いていないことも背景にあっただろう。

そのなかで、いわゆるユニオンバスター（対策）本やマニュアル発行、ユニオンによる団体交渉（団交）申し入れに対する対応方法を教えるセミナーなどの開催が頻繁に行われている。こうした企業法務や人事担当、弁護士、社労士などによる労働組合対策も進むなか、労働組合側の構えも問われている。

まず、重要なことは労働問題を解決するには労働組合がベストであるということだ。仮に法的知識があってもそれが通じない職場が多数であるから、個人で職場に立ち向かうのは得策ではない。そもそも、労働法は労働組合に入らなければ実質的には使えない。使用者と対峙し、直接交渉できる唯一の組織が労働組合だから、労働組合だけが主体的かつ予防的な行動をとれるのだ。

労働条件は労働者と使用者が同等の立場で決すべきものであるが（労働基準法2条1項、労働契約法3条1項）、現実にはそれは難しいため、法は労働組合をつくって交渉する権利を強く認めている。

非正規雇用でも、労働者は2人から自由に労働組合をつくって加入することができる「団結権」、使用者に対して交渉を求め、これに応じさせ、労働協約を結ばせることができる「団体交渉権」、労働者の要求を実現するために宣伝行動や労働の提供をストップさせることができる「団体行動権」が保障されている。これが労働基本権又は労働三権といわれている（⑪参照）。

労働組合加入や組合活動を理由としたイジメや嫌がらせ、不利益な取り扱いなどの労働基本権を阻害する不当労働行為（労働組合法7条）の禁止とその救済を、労働組合法で詳しく定めている。

国家や政党、資本家から自立した労働組合の存在と活動は、国民の生活を維持する上で重要な機能を持っている。そのため、正当な労働組合活動に対しての損害賠償請求禁止（労働組合法8条）と刑事罰不適用（労働組合法1条2項・刑法35条）が定められている。つまり、営業妨害・威力業務妨害・損害賠償などに問われない。

●弁護士から受認通知。そのとき労組は？

このように本来、企業は労働組合による団体交渉（団交）の申し入れを拒否できないし、不誠実な対応も許されない。しかし、現実には不誠実な対応をとる企業は増えているので、そのことにも触れたい。

ある企業から、こちらが送付した団交の申し入れと組合加入通知に対する回答書が届いた。間に弁護士が立ち、そこから送られてきたもので、団交は応諾するが、交渉に参加する組合員の人数制限や開催時間、議題などの「団交開催ルール」を事前に決めなければ応じられないといった内容であった。しかし、団交開催ルールは団交のなかで議論して決めていけばよいことであり、書面でのやり取りに拘泥すべきではないだろう。

団交自体も本来、労使が直接話し合うことで問題解決を目指すことが原則だ。しかし団交申し入れに対して、こうした書面により回答を引き延ばしたり弁護士に丸投げしたりして、団交応諾義務を尽くさない場合がある。

労働組合法では弁護士に団交を委任することは禁じられていない。現実には弁護士や社会保険労務士などの士業が交渉を仕切ろうとするケースも増えているが、弁護士はあくまで交通整理役で、団交の進め方や書面のつくり方の指導などの法的アドバイザーであり、その一線を超えて自らプレイしようとするならば、労働組合はそれを厳しく諭し、諌《いさ》めて排する必要がある。つまりフィールドで実際にプレイするのは企業の経営陣及びそのスタッフであり、弁護士はフィールドに入ることは自重すべきだ。

なぜなら、経営陣自身が士業などに交渉を丸投げせずに直接的に関わることで、経営者として成長していくだろうからだ。丸投げをする経営者はまず信頼できない。労使関係というものは継続的であり、1回限りの交渉で終わるようなものではない。団体交渉から逃げまわるということは、自らの経営者としての責任を放棄しているともいえる。労働組合はこうした経営姿勢を正すためにも毅然とした態度を維持しつつ、経営陣を交渉のテーブルに直接引きずり込むような努力も尽くすべきだ。

弁護士による受任通知のなかには、使用者への直接の働きかけを禁ずるような一文が添えられていることも多いが、下手な団交拒否は労働組合からすれば「不当労働行為である」と主張できるから、必要があれば弁護士の頭を飛び越えて使用者に直接連絡をすればよい。経営者の側もはじめてのことで戸惑っている場合も多いため、こちらが紳士的かつ教育的に話をすれば、士業らを排除して直接交渉に持ち込める場合も多い。経営者にとっては弁護士費用などの負担は減らすべきものでもあるため、組合にも話がわかる人間がいると「合理的判断」により話にのってくるわけだ。

また、団交せずに書面のやり取りを続けることは賢明ではない。当事者の精神的・経済的なストレスが膨らむからだ。

判例でも「使用者は、自己の主張を相手側が理解し、納得することを目指して、誠意をもって団交にあたらなければならず、労働組合の要求や主張に対する回答や自己の主張の根拠を具体的に説明したり、必要資料を提示するなどし、また結局において労働組合の要求に対し譲歩することができないとしても、その論拠を示して反論するなどの努力をすべきである」とされている（カール・ツァイス事件／東京地裁１９８９年９月22日判決）。

●団交開始。〝闘う〟姿勢で勝利

弁護士が間に入った先の事案は、私たちが経営者に直接連絡を入れ、直ちに団交が開催されることになった。交渉冒頭では、「混乱を生じさせるため、組合側からの不必要な参加は控えて欲しいと」など参加人数は3名まで、1時間で交渉は打ち切るなどの制限をかけられたが、「労働組合の自治に関わる問題に、そちらがとやかく口を出せるものではない」と断り、十数人の組合員の参加で圧倒した。もちろん開催時間の制限も拒否した。

特に非正規雇用労働者にとっては、〝闘う〟労働組合に入れば職場で発言権を確保でき、自分の労働条件に直接関与できるようになる。1人では一見解決できそうにない問題であっても、当事者が諦めない限り勝利をつかむことができることを強調したい。

相談先一覧（相談無料・秘密厳守）

【働く問題で困っている方】

▼ユニオンみえ
三重県津市桜橋３-444　日新ビル４Ｆ
059-225-4088
平日：９時〜18時
qyy 02435@nifty.com メール相談常時受付
http://union-mie.c.ooco.jp

▼NPO 法人労働相談センター
03-3604-1294
月〜金：９時〜17時　　日：12時〜17時
最終金曜（夜間相談）：18時〜21時
consult@rodosodan.org メール相談常時受付

▼全国労働組合総連合（全労連）
0120-378-060
※地域の労働相談センターに自動的につながる

▼全国労働組合連絡協議会（全労協）
0120-501-581
※近くの相談所につながる。

▼全国コミュニティ・ユニオン連合会（全国ユニオン）
03-5371-5202

▼日本労働弁護団
03-3251-5363
月・火・木：15時〜18時　　土：13時〜16時
03-3251-5364（平日のみ）

（労働・セクハラ）女性専用相談窓口　※必ず女性の弁護士が対応
03-3251-5364
第２・４水：15時〜17時

【生活で困っている方】

▼全国生活と健康を守る会連合会（全生連）
03-3354-7431

▼ホームレス総合相談ネットワーク
0120-843-530
月・水・金（祝日休業）：11時～17時
netsodan@homeless-sogosodan.net

▼首都圏生活保護支援法律家ネットワーク
048-866-5040
月～金（祝日休業）：10時～17時

▼認定NPO法人自立生活サポートセンター・もやい
03-6265-0137
火：12時～18時　金：11時～17時

【借金で困っている方】

▼全国クレジット・サラ金被害者連絡協議会（被連協）
命の電話　0120-996-742　24時間受付
上記につながらないときは03-3255-2400
※ひとりで悩まないでまずは相談を

【お腹がすいて困っている方】

▼フードバンク（全国の活動団体一覧　農林水産省ホームページより）
http://www.maff.go.jp/j/shokusan/recycle/syoku_loss/img/attach/pdf/170412-2.pdf
※まだ食べられるにもかかわらず破棄される食品を引き取り、生活に困窮している方の元に届ける。

▼セカンドハーベスト・ジャパン（フードバンク）
○浅草橋事務所（東京都台東区浅草橋4-5-1）
事前予約不要　火・木・金・土：14時～16時
○埼玉拠点（埼玉県八潮市浮塚311-2）
土：14時～16時
※缶詰めやパン、調味料などの食品を提供（祝祭日、夏季休暇、年末年始を除く）
※持ち物：身分証明書、食品を持ち帰るための大きなかばん（旅行かばんなど、キャスターのついたものが便利）
○東白髭公園沿い　首都高速6号向島線　高架下
（東京都墨田区堤通2-19-1付近）
事前予約不要　第2・第4土：13時～14時
※缶詰めやパンなど、調理不要ですぐに食べられる食品を提供（祝祭

日、年末年始を除く）
※食品を持ち帰るための手提げ袋を複数枚持参してください
※調理ができない、調理器具がない方はこちらへ

【医療費で困っている方（無料低額診療）】

▼全日本民医連
03-5842-6451
https：//www.min-iren.gr.jp/?p=20991
※医療費の相談、無料低額診療事業制度の説明の案内、無料・低額診療に取り組む事業所を紹介

【その他】

▼よりそいホットライン
0120-279-338　24時間受付（通話料無料）
※暮らしの中で困っていること、気持ちや悩みを聞いてほしい方。どんなひとの、どんな悩みにもより沿って、一緒に解決する方法を探す。全国どこからでも、携帯電話からもかけられる。
※外国語による相談（英語・中国語・韓国／朝鮮語・タイ語・タガログ語・スペイン語・ポルトガル語）も可
※性暴力、ドメスティックバイオレンスなどの相談、性別や同性愛などに関わる相談、自殺を考えるほど思い悩んでいる方、被災して困っている方もこちらへ

▼しんぐるまざあず・ふぉーらむ
03-3263-1519
火・水：15時～21時
※シングルマザーが子どもといっしょに生きいき楽しく生きられるよう勇気づけ、社会で活躍できる支援を行う。

▼反貧困たすけあいネットワーク
03-5395-3807
main@tasukeai.net.org
※ワーキングプアのための「たすけあい制度」を運営。就業中の方が、病気やケガで一時的に働けなくなったときの「休業たすけあい金」給付、生活窮時の「生活たすけあい金」による救援に加え、若者のための居場所づくり、労働・生活相談などを行う。

【奨学金の返済でお困りの方】

▼奨学金問題対策全国会議
03-5802-7015（月～金：９：30～17：30）
http：//syogakukin.zenkokukaigi.net/

著者紹介

○神部　紅（じんぶ　あかい）
1982年生まれ。建設・建築業界で職人、デザイナーとして働く。2008年に千葉青年ユニオンを結成し委員長を務める。その後、首都圏青年で専従スタッフとなり、2016年10月まで委員長を務める。現在は“ユニオンみえ”のオルガナイザー。
24時間営業店舗の夜回り調査、若者ホームレス支援、高校・大学での講演、テレビ・ラジオ出演、新聞・雑誌など各メディアに多数取り上げられ、旧来の労働運動の枠を超えて活躍中。

グリームブックス（Gleam Books）
著者から受け取った機知や希望の“gleam《ひらめき》”を、読者が深い思考につなげ“gleam”を発見する。そんな循環がこのシリーズから生まれるよう願って名付けました。

ブラック企業バスターズ

2017年11月15日　発行　　　価格は表紙カバーに表示してあります。

著　者　　神部　紅

発　行　　㈱ 朝 陽 会　〒340-0003　埼玉県草加市稲荷2-2-7
電話（出版）　048（951）2879
http : www.choyokai.co.jp/
編集協力　㈲ 雅 粒 社　〒181-0002　東京都三鷹市牟礼1-6-5-105
電話　　0422（24）9694

ISBN978-4-903059-51-8
C0036　¥1000E

落丁・乱丁はお取り替えいたします。